내 마음이
잘 지냈으면
좋겠어

행복한 삶, 마음 Pick! ①
내 마음이 잘 지냈으면 좋겠어

글 케이티 헐리 | 그림 인디 | 옮김 조연진

초판 1쇄 2021년 12월 20일 | **초판 2쇄** 2022년 5월 10일
펴낸이 김주한 | **책임편집** 조연진 | **책임마케팅** 김민석 | **디자인** 알음알음
펴낸곳 픽 | **출판등록** 제406-251002015000039호
제조국 대한민국 | **사용연령** 8세 이상
주소 (10881) 경기도 파주시 회동길 471(문발동) 몽스패밀리Bd. 302호

© 인디, 2021

ISBN 979-11-87903-97-0 74180
ISBN 979-11-87903-96-3 74080(세트)

이 책을 무단 복사, 복제, 전재하는 것은 저작권법에 저촉됩니다.
※ 잘못된 책은 서점에서 바꾸어 드립니다.

Peak을 향한 Pick_픽은 〈잇츠북〉의 교양서 브랜드입니다.

The Depression Workbook for Teens by Katie Hurley
Copyright © 2019 by Rockridge Press, Emeryville, California
First Published in English by Rockridge Press, an imprint of Callisto Media, Inc.
Korean translation copyright © 2021 It's Book Publishing Co.
This Korean translation is published by arrangement with Callisto Media Inc. through Greenbook Literary Agency.

이 책의 한국어판 저작권과 판권은 그린북저작권에이전시 영미권을 통한 저작권자와의 독점 계약으로 잇츠북에 있습니다.
저작권법에 의해 한국 내에서 보호를 받는 저작물이므로 무단 전재와 무단 복제, 전송, 배포 등을 금합니다.

이 책의 본문은 '을유1945' 서체를 사용했습니다.

내 마음이 잘~지냈으면 좋겠어

우울함으로부터
나를 지키는 연습

케이티 헐리 글
인디 그림
조연진 옮김

픽

차례

8   들어가는 글 '내 마음을 관찰하고 다독이는 책'

1장
우울증 알아보기:
진짜 우울증과 그냥 우울함은 다르다!

12 우울증이란?
- 스트레스 가득한 세상
- 나의 스트레스 요인 찾기

16 왜 우울증이 생길까?
- 위험 인자 알아보기

18 우울증은 어떤 문제를 가져올까?
- 행동의 변화
- 감정의 변화
- 건강상의 문제
- 10대가 겪는 우울증의 일반적인 증상

24 알아보기: 혹시 나도 우울증일까?
- 우울증에 대한 오해

29 만약 우울함을 느낀다면?

30 포기하지 말고 조금씩 나아가기

2장
건강한 마음을 위한 연습:
기분이 나아지고 자존감이 높아지며 의욕이 생긴다!

34 **알아보기**: 나의 대응 스타일은?	98 **알아보기**: 나는 나 자신을 믿을까?
38 기분을 재는 자	99 나의 강점을 적어 보기
40 기폭제 추적하기	100 긍정적인 내면의 목소리
42 **알아보기**: 건강에 좋다? 나쁘다?	101 **알아보기**: 나는 완벽주의자일까?
46 좋은 수면 습관 기르기	102 일기 쓰기
51 좋은 기분을 만드는 식단	106 산책하며 감사하는 연습하기
56 스트레스 관람차에서 내리기	108 **알아보기**: 나는 좋은 친구일까?
59 심호흡하는 방법	109 감사 편지 쓰기
60 **알아보기**: 내 안의 야수를 길들이는 방법은?	110 우정에 대하여 생각하기
62 부정적인 생각 패턴들	112 **알아보기**: 나의 회복 탄력성은?
66 부정적인 생각의 매듭 풀기	113 변화에 유연하게 대처하기
68 부정적인 생각 털어 버리기	115 가끔은 안전한 장소에서 나오기
70 **알아보기**: 다른 사람과의 갈등이 생겼을 때 나는?	116 안전 그물망이 되어 줄 사람들
74 화를 흘려보내기	117 위급 상황에 대비하기
76 서로 생각이 다를 때 대화하기	
78 **알아보기**: 화에 대한 오해?	
80 자기 주도적인 의사소통 방식	
82 **알아보기**: 스트레스가 내 생활에 미치는 영향은?	
84 속마음을 표현하기	
86 스트레스에 대응하기	
90 스트레스와 이별하기	
91 마음속 안전한 공간 만들기	
92 **알아보기**: 우울할 때 미루는 습관이 있을까?	
93 힘을 주는 생각들	
94 한 번에 한 단씩 오르기	
96 문제를 마주 보고 해결책 찾기	

3장
친구들의 고민, 함께 마음 건강 챙기기:
다른 사람들도 나와 비슷한 고민을 한다!

- 121   처음부터 다시 쓰고 고쳐 쓰기
- 123   **연습하기**: 한 번에 하나씩 하자
- 125   **연습하기**: 수면 방해 요소를 없애자
- 128   **연습하기**: SNS 사용 시간을 조절하자
- 130   **연습하기**: 나의 이야기를 해 보자
- 135   **연습하기**: 세 가지로 생각하자
- 137   **연습하기**: 감정의 탱크를 자주 점검하자
- 139   좋았던 일을 떠올리고 적어 보기
- 141   신뢰 유지 계약서
- 143   다시 말하기 전략
- 145   작은 목표를 세우기
- 149   나의 생명을 구해 줄 사람들
- 151   좋은 면과 나쁜 면
- 153   기본으로 돌아가기
- 155   세세하게 검사하기
- 157   소리 내어 말하기
- 159   의식적으로 먹기
- 163   생각의 프레임을 다시 짜기
- 167   시각적 심상 이용하기
- 169   한 발 앞으로 나서기
- 171   일정표 짜기
- 175   나만의 주문 만들기

- 176   나가는 글 '건강하고 행복한 삶을 위하여'

 들어가는 글

내 마음을 관찰하고 다독이는 책

어른들은 사는 일이 쉽지 않다는 말을 하곤 해요. 그건 아마도 삶을 꾸려 가는 일에 노력과 정성이 필요하다는 뜻일 거예요. 그런데 꼭 어른들만 그런 건 아니지요. 10대로서 살아가는 일도 쉽지 않아요.

　　10대의 삶은 어떤 면에서는 더 어려울 수 있어요. 10대가 되면 뇌를 포함한 신체가 이전과는 엄청나게 많이 달라져요. 가정이나 학교생활에서 적응해야 할 부분이 많아지고 여기저기에서 스트레스가 몰려올 거예요. 스트레스는 우리가 생각하고 느끼고 행동하는 모든 것에 영향을 미쳐요. 그로 인한 극심한 감정 변화는 성장기에 흔히 겪는 자연스러운 증상이지만, 시간이 흐르면서 우울감이나 우울증으로 발전하기도 하지요. 실제로 10대들 가운데 20% 정도가 우울감을 경험한다고 해요.

　　그간 심리 치료사로서 우울감을 느끼는 10대들을 많이 만났어요. 어떤 아이들은 여느 10대와는 다른 특별한 도움이 필요했지만, 그렇다고 해서 그들 모두가 우울증 진단을 받지는 않았어요. 여러분이 만약 우울하다면 아주 심각하게 여겨지고 두려울 거예요. 하지만 반드시 의사가 진단을 내리는 우울증에 걸린 것은 아니라는 점을 기억하세요.

　　자신이 우울함에 빠져 있다고 여겨지면, 우선 진짜 우울증이 무엇인지를 알고 자신의 상태를 살펴보는 일이 도움이 될 거예요. 더 나아가 10대가 흔히 겪는 우울감을 어떻게 다루어야 하는지 알아보고, 기분이 나아지는 법을 익혀 우울함을 떨칠 수 있도록 해야 하지요.

　　우울증의 어떤 증상들은 다루기가 어려워요. 잠을 아무리 많이 자도 피곤하고, 식욕이 전혀 없고, 자주 무기력해져요. 짜증이 많이 나거나 종종 폭발하듯이 화가 나고, 기분이 바닥이거나, 아무하고도 어울리고 싶지 않을 수도 있어요. 보통은 우울증을 겪으면 계속 눈물을 흘린다고 생각들을 하지만, 사실은 그렇지 않아요. 그보다는 화, 외로움, 무기력함, 피로감이 모두 섞인 것이 우울증이랍니다.

　　이 책은 인지 행동 치료나 마음챙김 등 우울감에 대한 다양한 접근법을 토대로 쓰여졌어요. 1장에서는 우울증이란 게 대체 무엇인지, 어떤 증상들이 있고 특히 10대가 이것들을 어떻게 다루어야 할지를 이야기할 거예요. 2장에서는 여러 활동이나 테스트가 나와요. 우울감으로 인해 나타나는 증상들을 더 잘 이해하고, 일상에서 더 좋은 기분으로 생활할 수 있도록 도와줄 거예요. 3장에서는 실제 생활 속에서의 여러 고민에 대하여 다루고 실천할 수 있는 전략들을 알려 주려고 해요.

　이 책이 의사나 심리 치료사를 대신할 수는 없어요. 하지만 자신의 상태를 알아보고, 기분을 바꾸기 위해 노력하고, 제때 다른 사람에게 도움을 요청할 수 있도록 하는 데에는 틀림없이 도움이 될 거예요.

　이 책을 '스스로를 응원하고 마음을 다독이기 위한 기록'이라고 생각하면 어떨까요? 책을 예쁘게 꾸며 볼 수도 있지요. 감정을 기록하는 일기는 실제로 스트레스를 줄이는 효과가 있어요. 정색하고 앉아서 읽지 않아도 돼요. 순서대로 읽어야 하는 책도 아니고요. 필요할 때마다 책장을 펼쳐 보세요. 조금씩이라도 읽고, 따라 해 보세요. 누구나 할 수 있어요.

1장

우울증 알아보기:
진짜 우울증과 그냥 우울함은 다르다!

슬펐다가 갑자기 화가 나고, 슬픈 상태에서 동시에 화가 나기도 해요. 지난주에는 모든 게 딱 들어맞게 잘 풀리는 것 같은 기분이 들었는데 이번 주에는 갑자기 엉망이 된 것 같아 좌절감이 들어요. 이런 식으로 감정이 이리저리 널뛰는 일은 사실, 아주 자연스러워요. 감정의 널뛰기는 조금씩 일어나기도 하고 갑자기 크게 일어나기도 하지요.

그런데 이런 혼란스러운 상태에서 벗어나지 못하고 감정들이 너무 강렬해서 무기력이나 절망감으로 이어진다면, 그건 마냥 자연스러운 일은 아니에요. 우울함 속에 빠져든 것일 수도 있어요. 우울증이라는 건 상당히 복잡해요. 여러분이 겪는 어려움에 대처하기 위한 첫 단계는 우울증을 이해하는 일이에요. 이 장에서는 우울증의 정의, 주요 증상과 대처법을 배울 거예요. 그리고 나서 무엇을 먼저 시작해야 할지, 감정이나 기분을 더 잘 통제하려면 어떻게 해야 할지 알아볼게요.

# 우울증이란?

10대의 우울증은 그저 기분이 가라앉는 것 이상의 문제예요. 우울증은 꽤 심각한 기분 장애라서, 느끼고 생각하는 모든 방식에 영향을 주어요. 가정이나 학교생활, 친구들 사이에서 크고 작은 문제를 일으키지요.

우울증이 찾아오면 깊은 절망감에 휩싸인 나머지, 마치 절대로 움직이지 않는 먹구름이 머리 위에 있는 것처럼 느껴져요. 이런 상태에서는 침대에서 일어나 하루를 시작하기조차 어려워요. 그리고 이런 기분을 이해하는 사람은 이 세상에 오직 나밖에 없다는 생각이 들어요. 이런 게 바로 우울증이에요. 생각보다 많은 사람이 우울증을 겪어요. 절대 혼자서만 겪는 일은 아니랍니다.

우울증은 전 세계적으로 매우 흔한 정신 건강 문제예요. 여러분 주변에서도 우울증과 다투느라 소리 없는 전쟁을 치르고 있는 누군가가 있을 거예요.

그런데 요즘은 '우울하다'는 말을 너무 자주 써요. 한 번쯤은 친구가 "나 좀 우울해."라고 말하는 걸 들어 보았을 거예요. 중요한 시험을 망쳤거나 게임에서 이기지 못했거나 자기 힘으로 어쩔 수 없는 어떤 일로 인해 화가 나거나 좌절감을 느낄 때 우울하다는 말로 표현하곤 해요. 하지만 이런 경우는 '우울증'이라고 하지 않아요. 단지 어떤 상황에 처했을 때 나타나는 부정적인 반응이라고 보는 게 더 좋을 것 같아요. 그리고 이런 반응은 자연스러운 거예요. 임상적 우울증, 즉 병적인 우울증은 이와는 달라요.

병적인 우울증은 인생 전반에 걸쳐 나타나요. 우울증에 걸린 누군가는 블랙홀이나 진한 먹구름 속에서 살아가는 것 같다고도 하고, 피할 수 없는 운명 속에 갇힌 것 같다고도 해요. 또, 슬픔이나 불행한 기분에서 영영 빠져나오지 못할 것 같은 느낌이 든다고도 하지요. 우울하다는 느낌을 말로 표현하기는 참 어려워요. 우울증은 미묘하게 다른 여러 가지 가면을 쓰고 나타나는데, 바로 여기에서 우울증에 대한 오해가 생겨요.

우울증이라고 진단을 받은 경우에, 어떤 사람은 감당하지 못할 만큼 큰 슬픔을 느낀다고 해요. 하지만 전혀 슬픔을 느끼지 않는다는 사람도 있어요. 그 대신에 늘 화가 나거나 짜증이 나서 사소한 일로도 자주 폭발한다고 하지요. 공허함을 느낀다는 사람도 있어요. 이런 경우에는 슬픔이나 화를 느끼기보다는 오히려 아무 감정도 느껴지지 않는다고 해요.

이 세상에 똑같은 사람은 없어요. 그래서 우울함을 경험하는 방식도 저마다 달라요. 뭔가 잘못되었다고 느끼고 이 상태가 나아질 것 같지 않다는 생각이 든다면 믿을 만한 어른에게 털어놓아야 해요. 우울함을 느끼는 건 흔한 일이고, 충분한 시간이 지나면 회복될 수 있어요. 하지만 우울감에 계속 빠져들어서 헤어나오기가 어렵고, 기분이 점점 더 아래로 내려가서 이런 기분을 다루기가 어려워진다면 그때는 꼭 누군가에게 말해야 해요. 진짜 우울증으로 발전하기 전에요.

스트레스 가득한 세상

현대 사회에서는 누구나 많은 스트레스 속에서 살아가요. 여러분도 아마 거의 매일 꽤 많은 스트레스를 받을 거예요. 10대도 어른들과 비슷한 강도로 스트레스를 받는다는 연구 결과가 있어요. 이들 중 30%는 감당이 안 될 정도의 스트레스를 느껴 보았거나 스트레스로 인해 슬픔이나 우울함, 피로함을 느껴 보았다고 해요. 스트레스로 식사를 거른 경험이 있다는 경우도 꽤 많아요.

스트레스는 여러분이 공부나 운동을 하고, 친구들과의 만남을 가지느라 바쁠 때 살금살금 다가와요. 10대가 스트레스를 느끼는 가장 큰 이유는 아마도 빼곡한 일정일 거예요. 정신없이 바쁘면 가끔은 신이 나기도 하지만, 그보다는 숨이 막힐 것 같은 느낌이 들 때가 많지요.

이 밖에도 스트레스를 불러일으키는 원인은 아주 다양해요. 학교에서의 다툼이나 가정에서의 문제, 사회 문제에 이르기까지 스트레스는 단지 일상을 불편하게 만드는 정도에서 그치지 않고 우울함까지 느끼도록 만들어요. 이를 막기 위해 중요한 건, 무엇이 여러분에게 스트레스를 가져오는지 파악하는 거예요.

나의 스트레스 요인 찾기

오른쪽에 대표적으로 10대에게 스트레스를 유발하는 몇몇 요인들을 모아 보았어요. 이 가운데 여러분에게도 영향을 주는 게 있다면 동그라미를 쳐 보세요. 그리고 여기에 없는 다른 요인이 떠오른다면 아래 빈칸에 적어 보세요. 여러분에게 스트레스를 가져오는 요인을 잘 알수록 스트레스를 다루는 건강한 방법을 찾을 수 있어요.

숙제	다이어트	경제적인 어려움
따돌림	인터넷에서의 괴롭힘	부모님의 압박
SNS	거절	이성 친구 문제
학원	실패	기대
대학 입시	실망	건강 문제
가족 문제	친구와의 다툼	시험 점수

왜 우울증이 생길까?

무엇이 우울증을 유발하는지는 정확하게 알려져 있지 않아요. 어떤 사람은 가족 구성원의 죽음 같은 큰일을 겪은 뒤에 우울감을 경험했고, 또 다른 사람은 심각한 사회 문제가 생겼을 때 유전적인 요인이 더해져 우울감을 경험했어요. 우울증의 원인은 다양해서 이 사람 저 사람을 서로 비교하는 일은 별로 도움이 되지 않아요. 앞에서도 말했듯 모든 사람은 각자의 방식으로 삶에서 발생하는 일들을 경험하니까요.

그 대신에 다음과 같이 우울증을 유발할 가능성이 있는 요인들을 한번 살펴보는 일은 도움이 돼요. 하지만 이 모든 것은 우울증을 유발할 가능성이 있을 뿐이라는 사실을 기억해야 해요. 가족 가운데 누군가 우울증이 있었다면, 나 역시 우울증을 겪을 가능성이 있다는 뜻이지 '반드시' 겪게 될 거라는 뜻은 아니에요.

유전적 요인: 우울증은 혈연관계와 연관성이 있어요. 만약 부모님이나 조부모님이 우울증을 경험했다면 여러분도 우울증을 겪을 가능성이 있어요.

뇌의 화학적인 구조: 뇌에서 분비되는 신경 전달 물질은 뇌의 다른 부분이나 몸의 나머지 부분으로 신호를 전달하는 역할을 해요. 이런 화학적인 과정이 비정상적으로 진행되면 우울감을 유발하기도 하지요.

어린 시절에 겪은 감당하기 힘든 사건: 부모님의 죽음이나 폭력적인 장면을 목격하는 등 충격적인 사건을 어릴 때 겪었다면 뇌가 우울증을 경험하게끔 바뀔 수 있어요.

호르몬: 10대에 겪는 급격한 호르몬의 변화가 우울증을 유발하기도 해요.

부정적인 사고방식: 어려운 일을 겪을 때 자신감을 가지고 적극적으로 해결하기보다는 무기력함을 느끼는 편이라면 우울증이 생기기 쉬워요.

하지만 이 모든 것은 우울증을 유발할 가능성이 있을 뿐이라는 사실을 다시 강조할게요. 우울증은 아주 복잡하기 때문에 여러분 스스로 우울증의 명확한 원인을 밝히는 일은 쉽지 않아요.

◦ 위험 인자 알아보기

위험 인자는 우울증으로 바로 연결되는 구체적인 요인을 말해요. 만약 여러분이 우울한 기분이 든다면 이게 심각한 우울증인지, 단지 10대가 겪을 법한 오르락내리락하는 감정인지 궁금할 거예요. 다음의 위험 인자가 기준이 될 수 있어요. 위험 인자에 대해 알면 우울함을 예방하는 데에 도움이 되어요.

　　　　우울감을 불러일으킬 수 있는 위험 인자들을 아래와 같이 모아놓았어요. 여러분에게 해당하는 게 있는지 한번 찬찬히 살펴보세요. 확실하지 않다면 부모님이나 믿을 만한 어른에게 함께 살펴보자고 해도 좋지만, 어른이라고 해서 정신 건강이나 가족 내력에 대해 모두 알지는 못한다는 사실을 알아 두세요. 또 어떤 내용은 어른들하고 이야기하기가 좀 껄끄러울 거예요.

　　　　그리고 여러분에게 해당하는 게 있어도 너무 놀라거나 걱정하지 마세요. 위험 인자를 가졌다고 해서 반드시 우울증을 겪을 거라는 뜻은 아니니까요. 도움이 되는 정보라고 생각하세요. 위험에 대해 인지하면 그만큼 잘 대처할 수 있어요.

낮은 자존감	친구 사이의 문제나 오랜 기간에 걸쳐 경험한 왕따나 괴롭힘	비만	다른 정신적인 문제
신체적이거나 성적인 학대 (과거나 현재)	학습 장애나 ADHD (주의력 결핍 증후군)	오래 앓고 있는 질병	과도한 자기 비판적 성향
완벽주의	과도한 의존 성향	술과 담배로 인한 문제	우울증을 겪은 가족이 있는 경우
자살한 가족이 있는 경우	이혼이나 가족의 죽음	부모님이나 보호자로부터 격리되었던 경험	가족의 불화

우울증은 어떤 문제를 가져올까?

우울증은 행동, 감정, 건강과 관련된 문제를 만들어요. 이런 문제들은 일상생활과 학업, 가족과 친구들과의 관계 등에 나쁜 영향을 주지요.

○ 행동의 변화

우울증은 생활에 지장을 주는 여러 행동을 초래해요. 우울한 느낌이 들어 침대 밖으로 나오기 싫었던 적이 있나요? 하루 정도 이렇게 해서 학교나 학원을 빠질 수는 있어요. 하지만 이런 일이 너무 자주 일어난다면 그건 문제예요. 수업을 따라가지 못한 탓에 성적이 떨어지면 그 자체가 또 다른 스트레스가 되는 악순환으로 이어지지요.

　　숙제를 안 하거나 게임이나 소셜 미디어, 텔레비전에 빠져드는가 하면, 음주를 하거나 담배를 피우는 등 위험한 행동을 하는 경우도 있어요. 또한 늘 하던 운동이나 평소에는 좋아하던 활동, 친구와의 만남 등을 거르기도 해요. 일상의 즐거움을 자주 놓치게 되는 거예요. 우울증은 집중력과 기억력에도 나쁜 영향을 주는데, 멍하게 있거나 기억이 잘 안 날 때가 많아져요.

○ 감정의 변화

우울증은 무기력함과 절망감을 가져와요. 그래서 슬프고 불안하거나 안절부절 못하게 되고 심하면 자살을 떠올리기도 해요. 우울증을 슬픈 감정이라고만 생각하기 쉽지만, 슬픔보다는 화나 짜증으로 나타나는 경우도 많아요. 그 때문에 사랑하는 사람들에게 함부로 하거나 별 이유도 없이 화가 폭발하는 일도 늘지요.

　　우울해지면 안 좋은 생각들에 강렬하게 사로잡히기도 해요. 우울함을 느끼면 아주 아주 많이 예민해지고, 자기 자신에게 혹독해져요. 작은 실수에도 크나큰 실패를 한 것 같고 인생을 망쳤다는 생각에 사로잡히지요.

　　이런 생각에 사로잡히면 평소에 잘하던 일도 안 하려고 하고 늘 보던 사람들도 피하게 돼요. 집에만 머물려고 하고요. 이렇게 사람들과 거리를 두게 되면 외로워지고 고립된 느낌 속에 갇히고 말아요.

　　다행스럽게도 이런 감정들은 영원히 지속되지 않아요. 그 속에서 빠져나오기 위해서는 자신을 도울 수 있는 누군가를 찾아서 힘든 감정에 대해 털어놓는 일이 필요하지요.

○ 건강상의 문제

우울해지면 많은 사람이 식욕을 잃어요. 식욕이라는 게 늘 일정한 건 아니지만 우울함 때문에 배고픔을 전혀 느끼지 않는다면 큰 문제예요. 우리 뇌는 매일 균형 잡힌 식사와 충분한 물이 공급되어야 해요. 우울하다고 식사를 거르거나 제대로 하지 않으면 우울증이 더 심해질 수도 있어요.

우울증은 수면 장애도 불러일으켜요. 잠을 자주 설치는 것도, 잠을 너무 많이 자는 것도 우리 몸에는 좋지 않아요. 수면 장애는 기분이나 정서적 반응, 집중력과 기억력, 신체 건강에 모두 나쁜 영향을 미친답니다.

놀랍게도 우울할 때 실제로 몸이 아픈 경우도 있어요. 감당하기 어려운 스트레스를 심하게 받거나 기분이 급격히 달라지면 우리 몸은 경직되어서 깨어 있는 시간 대부분을 긴장 상태로 있게 돼요. 그 상태가 계속되면 다리가 아프거나 목이 결리는 등의 증상이 나타나요.

우울함에서 벗어나기 위해 흡연이나 음주를 하는 경우가 있는데, 기분이 잠시 나아질 수는 있지만 우리 몸의 주요 기관에는 치명적이에요. 장기적으로는 오히려 우울증이 심해지기도 하지요.

○ 10대가 겪는 우울증의 일반적인 증상

지난 한 달을 떠올려 보세요. 다음 목록에서 지난달에 경험한 증상이 있는지 살펴보세요.

우울한 기분	슬프고 불행한 느낌	수면 장애
너무 긴 수면 시간	어떤 일에도 흥미를 잃음	피로감
죄의식	눈에 띌 만한 식습관의 변화	충동적인 행동
집중하기 어려움	자기 자신이 가치가 없는 듯한 느낌	화, 분노
결정 장애	고통이나 아픔	짜증
두통	스스로를 사람들로부터 고립시킴	복통
절망감	죽음에 대한 생각	자해
부정적인 느낌	자살에 대한 생각	건망증
스스로를 돌보지 않음	실망감	눈물이 많아짐
결석	활동을 빠지거나 약속을 지키지 못함	음주
약물 남용	흡연	학업 점수가 떨어짐

일주일 동안 나의 상태를 관찰하고 기록하기

앞에서 확인한 증상들이 다음 주에도 지속되는지 기록해 보세요. 혹시 일정하게 나타나는 증상이 있나요? 어떤 증상들이 사라지거나 늘어났나요?

- 월요일

- 화요일

- 수요일

- 목요일

- 금요일

- 토요일

- 일요일

알아보기 혹시 나도 우울증일까?

일상적인 스트레스나 급격한 기분 변화와 우울증의 증상을 구별하는 일은 쉽지 않아요. 지금까지 나온 내용을 읽고 자기 자신이 우울증인지 의심스럽다면 다음에 답해 보세요.

아래 질문들에 '예'나 '아니요'로 답해 보세요. 잘 모르겠다면 체크하지 않아도 돼요.	예	아니요
평소에 좋아하던 일인데 지금은 시큰둥해졌나요?		
지난 2주일을 떠올려 보세요. 슬픔이나 화나 짜증을 느낀 적이 많나요?		
밤에 잠들기가 어렵거나 자주 잠을 설치거나 너무 많이 잔다고 느끼나요?		
너무 적게 먹거나 너무 많이 먹는 등 식욕에 큰 변화가 있었나요?		
집중하는 데에 어려움이 있나요?		
내 삶은 절망적이고, 아무도 날 도울 수 없다는 생각이 드나요?		
두통, 복통, 근육통 등을 자주 겪나요?		
혹시 술을 마신 적이 있나요?		
내가 세상을 떠나도 아무도 신경 쓰지 않을 것 같고, 자살에 대해 생각한 적이 있나요?		
감정적인 고통을 멈추기 위해서 몸에 상처를 낸 적이 있나요?		
몇 번이나 '예'라고 대답했는지 확인해 보세요.		

1~3번

우울증의 증상을 몇 개 겪고 있긴 하지만, 정상에 가까워요. 스트레스나 압박감 때문에 감정의 기복이 생긴 것 같아요. 다만, 이런 증상들이 계속되는지 앞으로 잘 살펴보는 게 좋을 것 같아요. 2주 정도 마음을 관찰하고 증상을 기록해 보세요. 새로운 증상이 생겼거나 이전에 겪었던 증상들이 더 심해진 것 같다면 다른 사람의 도움을 받아야 해요.

4~5번

약한 우울증을 겪고 있을 가능성이 있어요. 부모님이나 믿을 만한 어른에게 어떤 기분이 드는지를 말하고 도움을 받아야 할 것 같아요. 학교에 전문 상담사가 있다면 도움을 청하고, 학교가 아닌 다른 곳에서라도 전문적인 도움을 받으세요. 하지만 여러분의 잘못이 아니에요. 적절한 도움을 받는다면 기분이 훨씬 나아질 거예요.

6번 이상

약한 우울증을 겪고 있다고 보여져요. 지금까지 도움을 받은 적이 없더라도 이제는 누군가에게 도움을 요청하세요. 우울증은 그냥 사라지지는 않아요. 하지만 적절한 도움을 받고 잘 대처하는 방법을 배운다면 분명 나아져요. 다시 삶이 즐거워질 거예요.

> **check!**
> 앞의 질문들은 여러분의 지금 상태를 살펴보기 위한 것에 불과해요. 책에서든, 온라인에서든 이렇게 짧은 질문들이 전문적인 진단을 대신할 수는 없어요. 부모님 혹은 믿을 만한 어른에게 여러분의 증상에 대해 꼭 이야기하세요. 우울증이 있거나 우울함을 느낀다는 사실이 꽁꽁 숨겨야 할 비밀은 아니랍니다.

누군가의 경험 '내가 겪은 우울증'

"매일 아침이면 새롭게 마음을 가다듬고 긍정적으로 하루를 시작하려고 해. 하지만 이게 늘 잘되지는 않아. 밤마다 잠들기가 너무 힘이 들거든. 침대에 누워서 몰래 핸드폰으로 잠들 때까지 동영상을 보곤 해. 밤늦게 잠들면 아침에 일어나기가 정말 힘들어. 알람이나 깨우는 소리도 거의 듣지 못해. 결국 엄마가 바로 옆에 서서 소리를 버럭 지를 때가 되어서야 잠에서 깨어나.

늦게 일어나면 아침 먹을 시간이 없어. 간식을 좀 챙겨 가긴 하지만 금방 배가 고파져. 수업 시간에는 숙제 때문에 혼났어. 사실 수업에 집중이 잘 안돼. 체육 시간도 끔찍하게 보냈어. 몸이 늘어져서 활발하게 움직이기가 어려웠거든. 집에 돌아올 때쯤에는 비참한 기분이 들었어. 매일매일 이런 하루가 반복된다고 생각하니 자신이 없어져. 괜히 엄마한테 분통을 터뜨렸어. 화가 나서 핸드폰을 집어 던졌더니 액정이 산산조각났어. 엄마한테 미안하고 죄책감이 밀려와. 매일 이런 식이야. 어떻게 바로잡아야 할지 도무지 모르겠어. 절망감이 느껴져."

"이전에는 나름 잘 나갔던 것 같아. 공부도 잘했고, 친구들하고도 잘 지냈어. 그런데 갑자기 멀리 이사를 가게 되었어. 새로운 학교에 적응하는 건 쉽지 않았어.

자꾸 혼자 보내는 시간이 늘어나. 밤마다 이전 학교의 친구와 온라인 게임을 오래 하지만, 그 사이에 나만 모르는 새로운 이야깃거리가 생겨서 끼어들 수 없을 때가 많아. 혼자 남겨졌다는 기분이 들어.

점점 두통이 심해져. 학교에서 돌아오면 거의 집에만 있어. 성적이 계속 떨어지지만 이제 신경 쓰고 싶지 않아. 저녁 먹기도 귀찮아. 진짜로 배가 고프지 않거든. 그저 빨리 잠이나 잤으면 좋겠어."

"나는 정말 열심히 공부해. 좋은 대학에 가려면 더 좋은 점수를 받아야 한다는 걸 알아. 공부 말고 다른 활동들도 열심히 해야 해. 너무 바빠서 지칠 때가 많아. 하지만 학교에서는 항상 웃어. 또 뭐든 기꺼이 하겠다고 나서기도 해.

그런데 집에 돌아오면 완전히 다른 사람이 돼. SNS에 매달려서 시간을 허비해. 가족이나 친구하고 시간을 보내는 것도 피곤해. 계속 짜증이 나고 배가 아파. 결국 부모님과 상의해서 상담을 받게 되었어. 상담 선생님한테 학교에서 받는 스트레스와 원하는 대학에 가지 못할까 봐 두려운 마음에 대해 털어놓았어. 정신없이 바쁜 일정에 대해서도 말했지. 선생님은 미래에 대해 부정적인 생각을 갖지 않으려면 스스로 몸과 마음을 잘 돌봐야 한다고 말씀하셨어."

우울증에 대한 오해

우울증에 대해서 떠도는 잘못된 이야기들이 있어요.

오해	진실
우울증은 진짜 의학적인 문제가 아니다. 너 혼자 머릿속으로 그렇게 생각하는 거다.	우울증은 실제로 존재하며, 신체적·감정적 고통을 가져오는 심각한 의학적 증상이다.
긍정적으로 생각하고 기운을 차리기만 하면 우울증은 사라진다.	우울증은 생물학적·환경적 요인으로 인하여 뇌의 기능이나 구조에 변화가 생긴 결과 나타난다. 그냥 '기운을 내는' 일은 불가능하다. 우울증에는 의학적인 처방이 필요하다.
우울증에 대하여 말하는 일은 나쁘다. 자꾸 나쁜 쪽으로만 생각하게 되기 때문이다.	혼자라고 느끼고, 자신의 상태를 말하는 일에 두려움을 가지면 더욱 위험한 상태가 될 수 있다. 차라리 우울증에 대하여 말을 하는 편이 낫다. 부정적인 생각이 떠오를 때 가장 좋은 일은 나를 이해하고 도울 수 있는 누군가와 대화하는 것이다.
우울증은 나쁜 일이 일어났을 때 생긴다.	우울증에 걸리는 데에 꼭 큰 사건이 필요하지는 않다. 인생의 어느 순간에도 우울증이 찾아올 수 있고, 심지어 별 문제가 없는 것 같은 시기에도 그럴 수 있다.
자기 자신을 몰아붙이면 우울증이 사라질 것이다.	적절한 치료를 받지 않으면 우울증으로 인한 고통이 몇 주, 몇 달, 심지어 몇 년이나 지속될 수 있다. 우울증은 자살 충동을 불러일으키기도 한다. 치료를 받으면 대부분의 사람들은 증상이 나아진다.
10대들은 겪는 것은 '진짜' 우울증이 아니다.	연령, 인종, 성별에 관계없이 누구든 우울증을 겪을 수 있다.
자살 가능성이 있는 사람들만 우울증 약을 복용해야 한다.	우울증을 겪는 많은 사람들이 약물 치료로 도움을 받아 왔다. 적절하게 약을 복용하면 우울증으로 인한 고통을 줄이거나 없앨 수 있다.

만약 우울함을 느낀다면?

우울함에 대처하려면 자신에게 효과가 있는 전략이 무엇인지 알아야 해요. 이 책에는 다양한 전략들이 폭넓게 나와요. 모든 전략이 누구에게나 효과가 있지는 않아요. 책에 나오는 몇 가지를 시도해 보고 어떤 게 여러분에게 효과가 있고 그렇지 않은지를 판단해 보세요. 효과적인 전략을 익히는 데에는 시간이 걸린답니다.

우울함을 느낄 때 혹시 자신이 부정적인 대처 방법을 사용하지는 않나 살펴보세요. 미처 깨닫지도 못한 채 부정적인 대처 방법에 빠져들기도 하니까요. 이런 방법들은 어떤 문제에 부딪혔을 때 빠르게 문제를 해결해 줄 것처럼 보이지만, 장기적으로 볼 때 오히려 상황을 더 나쁘게 만들어요.

자신을 고립시키는 일도 증상을 더욱 악화시키는 부정적인 대처 방법 가운데 하나예요. 우울하면 많은 시간을 혼자 보내고 싶어지지만, 이 세상을 살아가려면 누구든 다른 사람과의 연결이 필요해요. 우울할 때조차 우리 마음속에는 사람들과 소통하고 싶고, 다른 사람의 관심과 사랑을 받고자 하는 욕구가 있지요.

여러분이 마주 대하고 싶지 않아 하는 바로 그 문제를 영원히 피할 수는 없어요. 가족이나 친구 사이에서 생긴 문제일 수도, 학교생활에서 생긴 문제일 수도 있어요. 피하면 피할수록 그 문제를 해결하려고 시도하기가 어려워져요.

고통을 피하려고 어린 나이에 술을 마시는 친구들도 있지만 알코올은 우리 몸에 심각한 문제를 가져와요. 뇌를 포함한 중추 신경계의 활동성을 저하시키는 물질이기 때문이에요. 술을 마셔 우울한 기분이 잠시 나아지는 것처럼 느낄지라도 실제로는 이전보다 상태가 더 나빠질 뿐이에요.

우울함을 벗어나기 위해 스릴감을 느끼려고 안전하지 않은 일을 하는 친구들도 있어요. 이 모든 부정적인 대처 방법이 여러분의 삶과 생명을 위험 속으로 몰아넣는다는 사실을 기억하세요.

포기하지 말고 조금씩 나아가기

우울증의 원인이 하나가 아닌 것처럼, 우울함을 빠르게 털어 버릴 수 있는 단 하나의 방법 같은 건 존재하지 않아요. 다행히도 우울증에 도움이 되는 방법은 많아요. 학교에서 온라인 상담을 받을 수도 있고, 어린이와 청소년을 전문적으로 상담하는 의사 선생님을 찾을 수도 있지요. 부모님과 상의해 보세요. 상담 선생님들은 여러분 머릿속의 부정적인 생각을 마주 대하고, 그것들을 건강하게 다룰 수 있는 방법을 찾기 위해 함께 고민할 거예요.

증상이 심하다면 약을 복용해야 할 수도 있어요. 필요하다면 비슷한 증상을 겪는 또래들이 모여서 집단 상담을 받아 볼 수도 있고요. 이런 상담은 여러분이 겪고 있는 문제를 이해하는 사람들을 만날 기회가 된다는 것만으로도 도움이 돼요.

여러분이 겪고 있는 우울함의 정도는 저마다 다를 거예요. 그저 기분이 오르락내리락하는 정도일 수도, 우울증의 가벼운 증상들이 나타나는 단계일 수도, 의학적으로 진단을 받은 심각한 우울증일 수도 있지만, 어떤 식으로든 우울함을 느낀다면 이 책이 우울함을 다루는 첫걸음이 되어 줄 수 있어요.

우울함을 느낄 때 이 책을 다양하게 활용해 보세요. 울적한 기분에서 빠져나와 자신이 어떤 상태이고 어떻게 하면 나아질 수 있을지를 생각하도록 이끌어 줄 거예요. 또한 우울함에 건강하게 대처하는 방법과 기분이 나아지게 도와줄 긍정적인 행동들을 배울 수 있어요.

우울함이 여러분 안의 모든 에너지를 빨아들여서 마치 여러분 인생을 통째로 삼킬 것처럼 느낄지도 모르겠어요. 하지만 그렇지 않아요. 여러분이 자신의 증상을 이해하고 일상에 어떻게 영향을 미치는지를 배우고, 부정적인 생각을 마주 대하며 건강한 전략을 익히면 충분히 우울함을 통제할 수 있어요. 멈추지 않고 조금씩 나아간다면 분명 나아질 수 있답니다. 이제 시작해 볼까요?

2장

건강한 마음을 위한 연습:
기분이 나아지고 자존감이 높아지며 의욕이 생긴다!

이제 우울증이 어떤 것인지 조금은 알게 되었을 거예요. 딱히 우울증에 걸리지 않았더라도 우리는 누구나 종종 우울함을 느껴요. 힘들고 어려운 상황과 만난다면 더더욱 그렇지요.

우울함에서 벗어나려면 어떻게 해야 할까요? 먼저 나의 생활과 마음을 잘 살펴봐야 해요. 생활에서 어떤 부분이 잘못되었는지, 내 마음이 잘 지내고 있는지 관심을 기울이는 거예요. 그리고 어려움에 처했을 때 자기 자신을 잘 돌보고 건강하게 어려움을 극복하는 방법을 익혀야 해요. 자기 앞에 놓인 문제에 스스로 잘 대처한다고 여기는 사람은 우울함을 덜 느낀다고 해요.

이제부터 나오는 활동들을 차근차근 따라 해 보세요. 처음에는 하고 싶은 것만 골라서 해도 좋아요. 이 활동들을 통해 자기 자신에 대해 좀 더 잘 알게 되고, 스스로 자기 자신을 돌보는 방법과 어려움에 잘 대처하는 방법도 알게 될 거예요. 차차 기분이 나빠지거나 자존감이 낮아졌다고 느끼거나 아무것도 하기 싫어지는 일도 줄어들 거랍니다.

🍎 알아보기) 나의 대응 스타일은?

힘든 일이 생겼을 때 나는 어떻게 반응하고 대처할까요? 아래 문장을 읽고 여러분과 가장 잘 맞는 답에 표시해 보세요.

1. 중요한 시험을 앞두고 학교를 며칠 결석하는 바람에 뒤처지게 되었다. 도무지 어디서부터 공부를 시작해야 할지 잘 모르겠다면:
   a. 스트레스를 줄이기 위해 게임을 한다.
   b. 방에 숨어서 스트레스가 사라지기를 기다린다.
   c. 시험 범위를 몇 부분으로 쪼개고 공부를 시작해 본다.
   d. 가족 중 누군가에게 싸움을 건다.
   e. 친구에게 도와 달라고 한다.

2. 축구 시합에 못 나가게 되었다. 그런데 친한 친구 둘은 시합에 참가하게 되었다면:
   a. 친구들을 불러 모아서 밖으로 놀러 나간다.
   b. 핸드폰 전원을 끄고 좋아하는 텔레비전 프로그램을 본다.
   c. 믿을 만한 사람에게 속을 털어놓고 실망감을 토로한다.
   d. 담배를 피워 본다.
   e. 축구 팀 코치 선생님을 만나서 얘기해 본다.

3. SNS를 사용하다가 친구들 몇몇이 나만 빼놓고 놀러 나간 사실을 알게 되었다면:
   a. 가족에게 영화를 보러 가자고 이야기한다.
   b. 방에 들어가서 문을 걸어 잠근다.
   c. 심호흡을 하고 스트레칭을 한다.
   d. 다른 친구들에게 알게 된 사실을 전하고 흉을 본다.
   e. 친한 친구에게 속상하다고 털어놓는다.

4. 시험 성적이 많이 떨어졌다. 나 자신에게 실망스럽고 부모님에게 말씀드릴 일이 걱정이라면:
   a. 나중에 다시 고민하기로 하고 친구랑 놀러 나간다.
   b. 혼자 생각할 수 있는 장소를 찾는다.
   c. 다음 시험에서 달성할 목표를 적어 본다.
   d. 숨겨 두었던 과자를 찾아 몽땅 먹어 버린다.

    e. 학원 선생님과 상담하기 위한 약속을 잡는다.

5. 부모님이 할 일을 하는지 안 하는지 감시해서 압박감이 느껴지고 짜증이 난다면:

    a. 동영상을 계속 본다.
    b. 강아지랑 나가서 가능한 한 오래 산책한다.
    c. 명상에 대해 알아보고 한번 해 본다.
    d. 부모님에게 그만 좀 하라고 소리친다.
    e. 부모님에게 마음을 털어놓고 대화한다.

6. 선생님이 내가 수업에 잘 참여하지 않는다고 여겨서 고대하던 사생 대회에 나가지 못하게 되었다면:

    a. 미술 시간에 아이들이랑 빈둥거린다.
    b. 아픈 척하고 수업을 빠진다.
    c. 일찍 미술실에 가서 수업 준비를 한다.
    d. 친구 탓을 하고 불평을 늘어놓는다.
    e. 선생님에게 대회에 나가고 싶다고 말씀드린다.

7. 부모님이 다투는 소리에 스트레스를 감당하기가 어렵다면:

    a. 이어폰을 끼고 콘서트 동영상을 본다.
    b. 이불을 뒤집어쓰고 싸움이 끝날 때까지 기다린다.
    c. 이전에 화목했던 때를 떠올리고 추억을 적어 본다.
    d. 고통스러운 감정에서 벗어나려고 머리카락을 세게 잡아당긴다.
    e. 가까운 사람들에게 도와 달라고 전화하거나 문자를 보내 본다.

8. 몇 달 동안 사귀어 온 이성 친구하고 관계가 깨졌다면:

    a. 여러 활동에 참여하여 바쁘게 지낸다.
    b. 동정받기 싫어서 이어폰 볼륨을 높이고 아무도 말을 걸지 못하게 한다.
    c. 일기장을 꺼내서 손이 아플 때까지 마음을 적는다.
    d. 몰래 술을 마셔 본다.
    e. 부모님이나 가까운 친구들하고 이야기한다.

A가 가장 많다면

여러분은 어려운 상황에 처했을 때 문제에서 벗어나 다른 것으로 주의를 돌리는 데에 능숙한 편이에요. 영화를 보거나 친구랑 시간을 보내며 긍정적인 방법으로 주의를 환기시키는 일은 건강한 대응 전략이라고 할 수 있어요. 하지만 문제가 생겼을 때 항상 주의를 다른 데로 돌리기만 한다면 감정을 해소하지 못하고 계속 쌓아 두게 돼요. 그 감정들은 결국 어디에선가 튀어나와 다른 문제를 일으킬 수도 있어요. 그러니 자신의 감정과 마주 대하고 감정을 적절하게 다루는 방법을 익혀야 해요.

B가 가장 많다면

여러분은 스트레스가 쌓이거나 힘든 일을 겪을 때 혼자 있기를 좋아하는 편이에요. 잠시 홀로 보내는 시간은 유익하지만, 늘 그렇게 하면 고립된 느낌이나 외롭다는 감정에 사로잡히게 되어요. 다른 사람의 도움을 받을 수 있는 창구도 열어 두도록 하세요. 그래야 홀로 떨어져 있다는 느낌을 피할 수 있어요.

C가 가장 많다면

여러분은 이미 건강한 대응 전략을 가지고 있어요. 어려움에 처했을 때 일기를 쓰거나 문제를 해결하기 위한 방법을 찾는 일은 매우 유익해요. 감정을 적절히 표현하고 스트레스를 줄일 수 있는 건강한 방법들을 찾아 계속 유지하세요.

D가 가장 많다면

여러분은 자기 자신을 도울 수 있는 건강한 습관을 길러야 해요. 10대들은 종종 스트레스를 어떻게 다루어야 할지 모르고 음주처럼 건강에 좋지 않은 선택을 하기도 해요. 신뢰할 수 있는 어른에게 여러분이 힘든 시기를 잘 이겨 낼 수 있도록 도와 달라고 하세요.

E가 가장 많다면

여러분은 다른 사람에게 도움을 청하는 일을 잘하는 편이에요. 장애물과 부딪혔을 때 문제를 해결하는 데에 도움을 줄 수 있는 사람들을 찾을 수 있다는 건 매우 훌륭해요. 하지만 독립적으로 문제에 대처할 수 있는 대응 전략도 함께 익혀야 해요. 혼자 힘으로 문제에 맞설 수 있게 되면 자신감이 생겨요. 주변의 도움과 자신의 노력을 합친다면 어려운 시기를 헤쳐 나가는 가장 좋은 전략이 될 거예요.

기분을 재는 자

너무 바쁜 생활을 하다 보면 잠깐 멈추고 자신의 감정을 살피는 일을 잊게 돼요. 우울함을 잘 다루려면 자기 자신의 기분에 대하여 이해해야 해요. 하루 동안 여러분의 기분이 어떻게 바뀌는지 '기분을 재는 자'를 활용해 알아보세요. 기분이 바뀌는 순간마다 아래 그림을 떠올리며 질문에 대한 답을 남겨 보세요.

슬프다
우울하다

편안하다
차분하다

에너지가 넘친다
집중이 잘된다

화가 난다
짜증이 난다

- 하루 중 어떤 감정을 가장 많이 느꼈나요?

- 동시에 여러 감정을 느낀 적이 있나요? 만약 그렇다면 어떤 감정들이었나요?

- 양 끝의 가장 파랗거나 빨간 쪽에 해당하는 감정을 느꼈다면, 그때 기분을 다스리기 위해 어떤 일을 했나요?

🍎 기폭제 추적하기

감정이나 기분이 하루 동안 어떻게 변하는지 살피면 기폭제를 찾는 데에 도움이 될 거예요. 기폭제는 감정이 폭발하게 만드는 사건이나 사물을 말해요. 만약 친구가 여러분을 비꼬는 말을 했다면 그 말이 '슬픔이나 화'라는 감정의 기폭제가 돼요. 또, 시험에서 점수가 떨어졌다면 그 일이 '실망이나 불안감'의 기폭제가 되지요.

왜 기폭제에 대해 알아야 할까요? 기폭제를 추적해 나가면 어떤 패턴을 발견하게 되는데, 그러한 패턴을 알면 기폭제가 되는 일이나 사물을 어떻게 처리할지 대비할 수 있어요. 기분이 확 달라져서 나쁜 감정에 빠져드는 일을 막을 수 있지요.

앞에서 기분을 재는 자를 통해 기록한 여러분의 기분을 잘 살펴보세요. 눈을 감고 그 기분이 느껴졌을 때를 떠올려 보세요. 그때 무슨 일이 벌어졌는지, 기분이 변하게 만드는 기폭제가 될 만한 일이 있었는지 생각해 보세요. 다음 질문들이 여러분을 이끌어 줄 거예요. 생각을 기록해 보세요.

○ 기분이 갑자기 달라졌던 때를 떠올리고, 어떻게 달라졌는지 적어 보세요.

● 기분이 바뀌기 전에 무슨 일이 벌어졌나요?

● 기분이 바뀐 때는 하루 중 어느 시간대였나요?

● 그때 누가 곁에 있었나요?

● 기분을 변하게 만든 특별한 말이나 행동, 사건이 떠오르나요?

○ **기분이 갑자기 달라졌던 다른 때를 떠올려 보세요. 어떤 기분에서 어떤 기분으로 바뀌었는지 적어 보세요.**

● 기분이 바뀌기 전에 무슨 일이 벌어졌나요?

● 기분이 바뀐 때는 하루 중 어느 시간대였나요?

● 그때 누가 곁에 있었나요?

● 기분을 변하게 만든 특별한 말이나 행동, 사건이 떠오르나요?

알아보기 건강에 좋다? 나쁘다?

우울함을 다스리려면 기본에 충실한 생활을 해야 해요. 수면, 영양, 운동, 스트레스 관리는 정말 중요해요. 무엇을 먹고 무엇을 하며 시간을 보내는지, 매일 하는 일상의 선택이 우리 기분에 어떤 영향을 미칠까요?

아래 글을 읽고 이 행동이 좋은 것인지, 나쁜 것인지 판단해 보세요.

1. 나는 보통 알람이 울릴 때까지 잔다. 오늘 수학 시험이 있는 날인데, 늦지 않으려면 20분 만에 집을 나서야 한다. 냉장고에서 탄산음료를 재빨리 꺼내서 가방에 넣었다. 아침은 이따가 오전에 매점 가서 해결해야겠다.

   ○ 좋다   ○ 나쁘다   ○ 잘 모르겠다

   답: 나쁘다. 탄산음료에는 카페인과 설탕, 혹은 설탕을 대체하여 단맛을 내는 물질들이 가득해요. 이들을 함께 섭취하면 스트레스에 시달릴 때 특히 좋지 않아요. 높은 카페인 수치는 혈압이나 심장 박동에 영향을 주어 흥분된 상태로 만들어요. 좋은 선택은 차가운 얼음물이나 바나나(갖고 다니기에 편리한 다른 과일)이에요. 시험을 보기 전 여러분에게 에너지를 줄 거예요.

2. 저녁에 친구랑 영화를 보고 집에 돌아왔더니 완전히 지쳤다. 이미 9시인데, 내일까지 해야 할 숙제가 있다. 취침 시간까지 숙제를 하고, 남은 숙제는 내일 아침에 일찍 일어나서 마쳐야겠다.

   ○ 좋다   ○ 나쁘다   ○ 잘 모르겠다

   답: 좋다. 밤을 새는 건 좋은 생각이 아니에요. 수면은 우울함에 크게 영향을 미쳐요. 성장기의 아동이나 청소년은 9~10시간을 자는 것이 이상적이에요. 잠을 충분히 잘 자지 않으면 정신이 멍하고 집중이 잘 안되며, 마음이 불안해지고 격렬한 감정에 휩싸이기 쉬워요. 또한 피곤할 때는 무슨 일에든 최선을 다하기가 어렵지요. 푹 잔 뒤에 아침 일찍 새롭게 시작하는 편이 오히려 능률이 오를 수 있어요.

3. 기말 시험을 앞두고 벼락치기 공부를 해야 한다. 방에 필요한 모든 것을 가져다 두고 공부할 준비를 했다. 내가 가장 좋아하는 젤리도 한 움큼 있다. 공부를 열심히 한 보상으로 젤리를 먹을 작정이다.

   ○ 좋다   ○ 나쁘다   ○ 잘 모르겠다

답: 나쁘다. 공부하면서 젤리를 먹으면 잠깐 동안은 당분이 충전되어 기운이 솟는 것처럼 느껴지겠지만, 나중에는 오히려 기분이 내려앉을 거예요. 그렇다고 해서 좋아하는 간식을 영영 끊으라는 뜻은 아니에요. 적당히 절제하면서 간식을 즐기는 법을 배워야 해요. 설탕과 합성 착향료가 들어간 젤리 대신에, 비타민 B가 가득한 아몬드나 해바라기 씨앗 등 견과류나 다크 초콜릿 몇 조각을 추천할게요.

4. 친구가 하찮은 일로 쉬지 않고 불평불만을 늘어놓는다. 다른 친구 험담을 하거나 벌레가 귀찮게 한다면서 짜증을 낸다. 스트레스가 점점 쌓여서 잠깐 화장실에 다녀온다고 하고 자리를 떴다. 화장실에 가서 깊게 심호흡을 하고 나왔다.

○ 좋다   ○ 나쁘다   ○ 잘 모르겠다

답: 좋다. 친구가 필요로 할 때 도움을 주는 일만큼이나, 여러분 스스로 자신의 한계를 아는 일도 매우 중요해요. 친구의 불평불만이 자신에게 기폭제로 작용하게 되면 친구에게 못된 말을 하거나 전혀 도움이 되지 않을 말을 내뱉을지도 모르지요. 넷을 세며 들이쉬고, 다시 넷을 세며 멈추고, 다시 넷을 세며 내쉬는 심호흡을 하며 마음을 가라앉힌 다음에 잠깐 시간을 갖고, 친구에게 어떤 반응을 보여야 서로에게 도움이 될지 생각해 보세요.

5. 친구 집에 놀러 갔는데, 친구가 몰래 마셔 보자며 술을 가져왔다. 호기심도 생기고 딱 한 잔이 뭐 그리 해가 될까 싶어 조금 마셨다.

○ 좋다   ○ 나쁘다   ○ 잘 모르겠다

답: 나쁘다. 알코올은 저하제로 작용해요. 그래서 우리 뇌의 활동을 줄이는 역할을 해요. 다른 사람과 어울리기 위해 술을 마시면, 그게 딱 한 번일지라도 우울함은 악화되고 건강하지 않은 대응 전략이나 습관을 형성하게 돼요.

6. 가족이 다 함께 등산을 가기로 했다. 하지만 그날 아침 잠에서 깨었을 때 평소보다 기분이 좋지 않다. 등산에 가고 싶지 않다. 소파에 앉아서 종일 텔레비전이나 봐야겠다.

○ 좋다   ○ 나쁘다   ○ 잘 모르겠다

답: 나쁘다. 우울증은 여러분이 세상을 멀리하고 숨고 싶은 기분이 들도록 만들어요. 운동은 기분을 좋게 하고 증상을 줄이는 효과가 있지요. 너무 거친 등산이 무리라고 느껴진다면 등산 대신 산책을 가거나 자전거를 타는 선택을 해도 좋아요. 낮은 강도의

운동도 효과가 있어요.

7. 아빠하고 다퉜다. 계속되는 아빠의 잔소리를 피할 길은 없는 것 같다. 아빠한테 소리를 지르며 분통을 터뜨리고 방으로 휙 돌아와서 속이 후련할 때까지 일기를 썼다.

○ 좋다   ○ 나쁘다   ○ 잘 모르겠다

답: 좋다. 화가 난다고 소리를 지르거나 휙 하고 자리를 뜬 부분은 반성하고 더 나은 선택을 하도록 연습을 해야 할 것 같아요. 하지만 일기 쓰기처럼 건강한 대응 전략을 사용하여 부정적인 감정 상태를 벗어나도록 한 것은 좋은 선택이에요. 자기 자신이나 상대방의 흥분이 가라앉을 때까지 시간을 갖고 나면 서로에게 입힌 상처를 다독이는 기회도 생길 거예요.

8. 드디어 자유 시간이다. 오후에 아무것도 하지 않아도 된다. 하고 싶은 게임을 실컷 했는데, 나중에는 지루해져서 동영상만 계속 보았다.

○ 좋다   ○ 나쁘다   ○ 잘 모르겠다

답: 나쁘다. 게임이나 동영상 시청을 무분별하게 하면 실제로 두뇌에 좋지 않은 결과를 초래해요. 특히 10대의 뇌는 아직 성장 중이기 때문에 더욱 위험해요. 알람을 맞춰 두고 정해진 시간이 지나면 게임이나 동영상 시청을 멈추세요. 책을 보거나 밖에 나가서 잠깐 걷는 것도 좋을 것 같아요. 한가한 시간에 방에 틀어박혀 있거나 건강하지 않은 습관에 빠지는 대신, 에너지를 충전할 수 있는 다양한 활동들을 찾아보세요.

🍎 좋은 수면 습관 기르기

앞에서 10대의 이상적인 수면 시간은 9~10시간이라고 했어요. 혹시 너무 많은 것처럼 들리나요? 하지만 사실이 그래요. 여러분의 뇌는 폭발적으로 성장하는 중이고, 맑은 정신으로 집중하여 정돈된 생활을 하려면 충분한 수면이 필요해요.

충분한 수면을 취하면 다음과 같이 될 수 있어요.

- 수업 시간에 집중한다.
- 어려운 문제가 생겼을 때 잘 해결한다.
- 스포츠나 다른 활동을 하기에 에너지가 충분하다.
- 면역력이 높아진다.
- 기분이 좋아지고 기민해진다.
- 친구나 가족 등 주변 사람들과 잘 어울리고 즐거운 시간을 보낼 수 있게 된다.

수면에 대하여 기록해 보세요. 기록을 토대로 여러분의 수면이 어떠한지, 어떤 측면에서 나아지게 할 수 있을지 판단할 수 있어요. 핸드폰의 앱을 활용하여 총 수면 시간을 기록해 보세요. 펜과 종이를 곁에 두고 매일 기록하면 긍정적인 수면 습관을 의식적으로 형성할 수 있어요.

일주일간 매일 잠자기 전에 적어 보세요.

하루 동안 얼마나 많은 카페인을 섭취했는지 따져 보세요. 카페인은 정신을 각성시키는 효과가 있지만, 몸에 오래 남아 있고 깊은 수면을 방해해요. 에너지 드링크, 탄산음료, 초콜릿, 커피나 차 등에는 카페인이 들어 있어요. 이런 것들을 얼마나 먹고 마셨는지 적어 보세요.

- 월요일

- 화요일

- 수요일

- 목요일

- 금요일

- 토요일

- 일요일

○ 잠자리에 들기 전에 무엇을 했나요?

잠자리에 들기 전 2시간 동안 무슨 일을 했는지 전부 체크해 보세요.

	월	화	수	목	금	토	일
음악 감상							
독서							
운동							
문자 주고받기							
SNS 사용							
텔레비전 시청							
영화 감상							
숙제							
과자 섭취							
게임							
인터넷 서핑							
취미 활동							

○ 수면 시간은 어땠나요?

아침에 일어나서 잠든 시각과 잠에서 깬 시각을 기록하세요. 총 몇 시간을 잤는지도 적어 보세요.

	잠에 든 시각	잠에서 깬 시각	총 수면 시간
월요일			
화요일			
수요일			
목요일			
금요일			
토요일			
일요일			

○ 일주일이 지난 다음 평가

일주일간의 수면 기록을 살펴보고 일정하게 반복되는 패턴이 있는지 찾아보세요. 잠자기 전에 SNS를 사용하지 않은 날에는 더 많은 시간을 잘 수 있었나요? 잠자기 직전에 운동을 하면 잠이 잘 안 왔나요? 커피가 잠에 드는 걸 방해했나요?

- 평균 수면 시간:

- 하루에 섭취한 평균 카페인의 양(카페인이 든 음료나 음식을 섭취한 횟수):

- 잠들기 전에 했던 일들:

- 가장 편안하게 잘 잤던 날을 살펴보니 어떤 교훈을 얻을 수 있었나요? 질 좋은 수면을 취한다는 것은 잠에 잘 들고 깨지 않고 수면을 유지할 수 있으며, 그렇게 할 수 있는 건강한 습관을 가졌다는 뜻이에요. 잠을 잘 자게 해 주는 활동이 무엇인지에 주의를 기울여서 여러분과 가장 잘 맞는 수면 습관을 만들어 보세요.

🍎 좋은 기분을 만드는 식단

기분과 식단은 분명 관계가 있어요. 좋은 음식을 먹으면 기분이 좋아지고, 집중이 잘되며, 활력이 넘쳐요. 우울함을 다루기 위한 첫걸음은 좋은 식단이에요.

○ 도움을 주는 음식들

생과일이나 **채소**를 먹으면 기분이 좋아져요.

곡식, 콩, 해산물을 먹으면 우울함이 덜해져요.

정제가 덜 된 식품, 채소, 해조류 등 식이 섬유소(섬유질)가 많은 음식은 세로토닌 분비를 늘려 주어요. 세로토닌은 우리의 기분을 좋아지게 만들고 기민하게 활동할 수 있도록 도와주는 호르몬이에요.

참치나 **닭고기**를 먹으면 뇌가 세로토닌을 생성하는 데에 도움이 돼요.

달걀과 **유제품**은 기분이 나아지게 해 주는 비타민 B를 함유하고 있어요.

땅콩과 **씨앗**은 기운을 북돋워 주는 셀레늄을 함유하고 있어요.

호두, 등푸른 생선, 아마씨, 아보카도, 진녹색 채소는 두뇌 건강에 좋은 오메가 3를 함유하고 있어요.

생선, 버섯, 우유는 두뇌 발달과 원활한 활동에 필요한 비타민 D를 함유하고 있어요.

물이 부족하면 기분이 곤두박질쳐요. 늘 **물**을 충분히 마셔야 해요.

○ 음식에 따른 기분 추적하기

일주일 동안 섭취한 음식과 기분을 추적해 보세요. 우울한 정도를 1에서 5로 나누고 어떤 음식을 먹기 전과 직후에 기분이 어떻게 달라졌는지 1에서 5로 적어 보세요. 그리고 음식을 먹고 나서 한참 지난 뒤에 다시 기분을 평가해 보세요.

		섭취한 음식	먹기 전 기분	먹은 후 기분	나중에 느낀 기분
월요일					
	아침				
	간식				
	점심				
	간식				
	저녁				
화요일					
	아침				
	간식				
	점심				
	간식				
	저녁				

		섭취한 음식	먹기 전 기분	먹은 후 기분	나중에 느낀 기분
수요일					
	아침				
	간식				
	점심				
	간식				
	저녁				
목요일					
	아침				
	간식				
	점심				
	간식				
	저녁				
금요일					
	아침				
	간식				

		섭취한 음식	먹기 전 기분	먹은 후 기분	나중에 느낀 기분
점심					
간식					
저녁					
토요일					
아침					
간식					
점심					
간식					
저녁					
일요일					
아침					
간식					
점심					
간식					
저녁					

- 기분을 나아지게 만든 음식이 있나요? 어떤 음식이 그랬나요?

_____

_____

- 앞에서 소개한 좋은 음식 목록 가운데 섭취한 음식이 있나요? 몇 번이나 섭취했나요?

_____

○ 목표 정하기

- 다음 주에는 어떤 좋은 음식을 섭취해 보고 싶나요?

_____

_____

_____

하루아침에 식사 습관이나 식단을 바꾸기는 어려워요. 식습관 바꾸기가 잘 안된다고 포기하지 말고 한 걸음씩 나아가다 보면 내 몸과 마음이 모두 건강해지는 좋은 방법들을 찾을 수 있을 거예요.

🍎 스트레스 관람차에서 내리기

스트레스가 쌓이면 마치 놀이공원의 관람차에서 내릴 수 없는 상태처럼 느껴져요. 스트레스를 막을 길이 없어 쳇바퀴 돌 듯 계속해서 돌고 또 도는 것처럼요. 이때는 어떤 건강한 선택도 할 수 없는 것처럼 느껴져요.

　　스트레스 관람차에서 내리는 첫걸음은 마음의 건강한 경계선을 설정하는 일이에요. 경계선 설정은 자기 자신을 잘 돌보기 위하여 스스로 한계를 알고 정하는 거예요. 스트레스 관람차에서 내리려면 자신의 한계를 넘지 않도록 참여하는 활동을 좀 줄이거나 다른 사람들에게 거절의 표현을 해야 해요.

　아래 관람차에 적힌 스트레스 요인이 여러분에게도 익숙한지 살펴보세요.

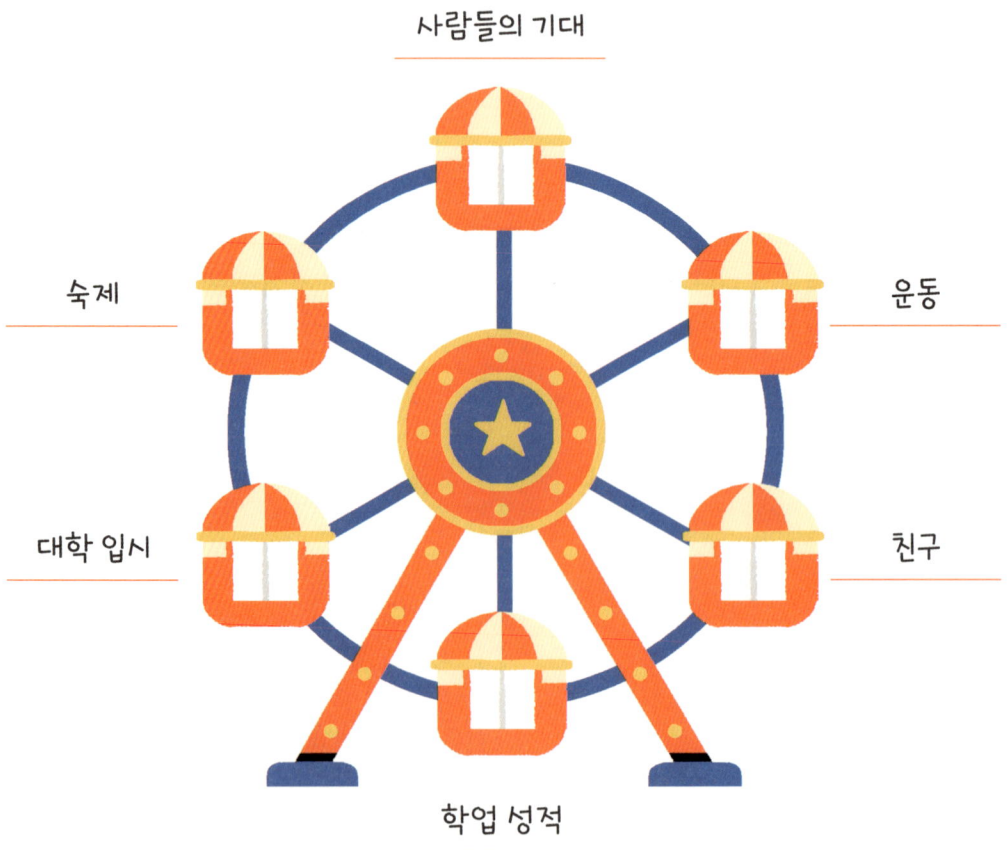

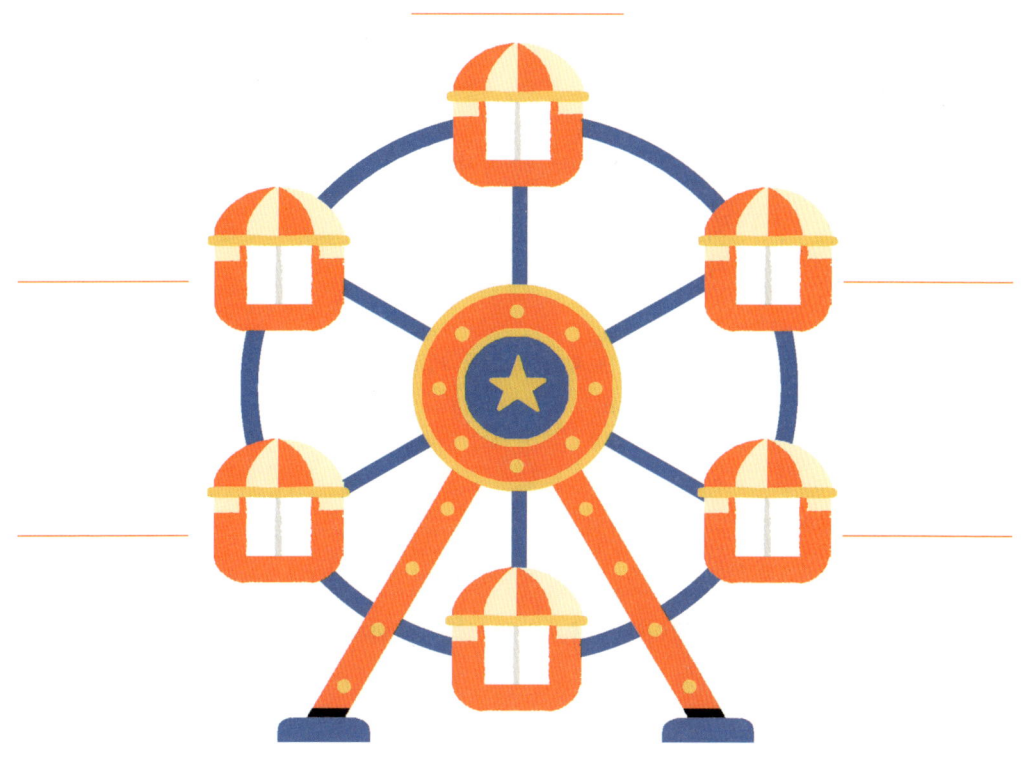

- 이제 빈 관람차에 여러분이 떠올린 다른 스트레스 요인을 적어 보세요. 그리고 1부터 5까지의 단계로 나누어서 평가해 보세요. 스트레스를 가장 강하게 주는 요인에 5, 가장 약하게 주는 요인에 1을 주세요.

1 _____

2 _____

3 _____

4 _____

5 _____

스트레스의 쳇바퀴에서 벗어나는 중요한 비결은 한 번에 하나씩 스트레스 요인을 줄이는 거예요. 여러분이 느끼기에 실제로 효과가 있었던 방법으로 스트레스를 통제하기 위한 계획을 짜 보세요. 만약 숙제가 여러분에게 큰 스트레스를 불러일으키는 요인이라면, 아래와 같이 해 보세요.

- 숙제할 시간을 벌 수 있도록 학원을 하나 줄이는 것을 부모님과 상의해 보기
- 숙제를 도와줄 수 있는 사람을 찾아보기
- 집중이 좀 더 잘되는 장소가 어디인지 찾아보기

- 여러분이 빈칸을 채운 관람차를 다시 보세요. 계획을 세우고 변화를 준다면 줄일 수 있는 스트레스 요인이 있나요? 두 개를 골라 보세요.

- 위에서 고른 스트레스 요인을 줄이려면 어떤 일을 시작해야 할까요?

🍎 심호흡하는 방법

'마음챙김'에 대해 들어 보았나요? 지금 바로 여기에서 무슨 일이 일어나는지에 주의를 기울이는 일을 마음챙김이라고 해요. 마음챙김을 하려면 심호흡을 해야 해요. 마음챙김과 심호흡은 스트레스를 줄이고 기분이 나아지게 하지요. 스트레스가 쌓일 때 '행동을 멈추고, 심호흡을 한 뒤에 다시 생각하기'를 해 보세요. 하기 전과 후에 감정이 어떻게 달라졌는지 확인하면 심호흡이 어떤 효과가 있는지 알 수 있어요.

　　　이렇게 한번 해 보세요.

1단계: 최대한 머릿속을 비우고 마음을 차분히 가라앉혀요.
2단계: 속으로 넷을 세면서 천천히 숨을 들이마셔요.
3단계: 다시 넷을 세면서 숨을 참아요.
4단계: 다시 넷을 세면서 숨을 천천히 내쉬어요.

이렇게 하는 동안 마음속으로 평온한 풍경을 그려 보는 것도 좋아요. 해변을 걷는 상상은 어떨까요? 나쁜 기분에서 벗어나고 싶을 때 이렇게 심호흡을 하면서 마음을 깊이 들여다보세요.

알아보기 내 안의 야수를 길들이는 방법은?

아래를 보면서 여러분이 스스로 기분을 통제하는 법을 얼마나 알고 있는지 확인해 보세요. 각 문장을 읽고 이 내용이 맞는지 틀리는지를 표시해 보세요.

1. 너무 오래 울면 더 우울해지기만 한다.   참 / 거짓

2. 음악 감상은 나쁜 기분에서 벗어나게 해 주는 가장 좋은 방법이다.   참 / 거짓

3. 평일에 잠을 잘 못 자면 주말에 몰아서 자면 된다. 그러면 기분이 훨씬 나아질 것이다.   참 / 거짓

4. 창의적인 활동은 하면 우울감이 줄어들 것이다.   참 / 거짓

5. 아이스크림과 사탕은 두려움이나 걱정에서 벗어나게 하고 기분을 좋게 해 준다.   참 / 거짓

6. 웃음은 좋은 치료약이다.   참 / 거짓

○ **답:**

1. **거짓.** 울음을 통하여 감정을 발산하는 일은 나쁜 감정을 이겨 내고 흘려보내는 훌륭한 방법이에요. 울고 싶을 때는 눈물을 흘리며 후련하게 울고 나서 진정이 되면 믿을 수 있는 사람에게 속을 털어놓아 보세요.

2. **거짓.** 음악은 나쁜 기분에서 벗어나도록 도움을 주지만 어떤 스타일의 음악인지가 중요해요. 어떤 음악은 기운을 북돋우지만, 어떤 음악은 오히려 슬픈 감정을 건드려서 눈물이 터지게 만들어요. 음악은 다양한 종류의 감정을 전달하고, 음악을 통해 여러 감정을 맛보는 일 자체는 문제가 없어요. 하지만 기분을 나아지게 하는 데에 음악을 활용하고 싶다면 마음을 평온하게 해 주는 음악이나 신나는 음악을 골라야 해요.

3. **거짓.** 불규칙적인 수면은 기분을 불안정하게 만들어요. 일정한 수면 시간을 목표로 삼아 보세요. 또한 자신에게 잘 맞는 건강한 수면 습관을 만들어 보세요.

4. **참.** 글쓰기, 미술 활동, 작곡 등은 기분이 나아지게 하고 어려운 감정을 해소할 수 있게 도와주어요. 창의적인 일을 해 보세요!

5. **거짓.** 설탕은 빠르게 에너지를 공급하는 대신, 그 효과가 사라지고 나면 감정을 곤두박질치게 만들어요. 그보다는 등푸른 생선이나 견과류 등 오메가 3가 풍부한 음식이 기분 조절에 도움이 되어요.

6. **참.** 웃음은 여러분의 우울함을 완전히 낫게 하지는 못해요. 하지만 분명 기운을 북돋워 줄 거예요. 많이 웃으세요. 또한 다른 사람과 즐겁게 대화하고 좋은 시간을 보내서 자기 자신에게만 너무 몰두하지 않도록 해 보세요.

🍎 부정적인 생각 패턴들

모든 것이 좋아 보이는 날에도 부정적인 생각이 갑자기 튀어나올 수 있어요. 부정적인 생각이라는 걸 알아차리지 못하도록 변장하여 나타나지요. 이런 것을 '인지 왜곡'이라고 해요. 인지 왜곡은 자신에게 일어난 일을 어떻게 받아들이느냐에 영향을 주는 '비합리적이거나 과장되거나 부정확한' 생각들을 말해요. 이러한 생각들은 우리가 어떤 일을 마주쳤을 때 그 일을 실제보다 '더 나쁜 것'으로 여기도록 우리를 설득하기 때문에 몸과 마음에 해로워요.

아래는 우리를 더욱 우울하게 만드는 비열한 생각 패턴이에요. 이에 대해 잘 알고 여기에 빠지지 않도록 주의해야 해요.

○ 독심술사

독심술사는 마치 다른 사람의 생각을 읽고 다른 사람이 여러분에 대하여 어떤 생각을 하는지 정확하게 아는 것처럼 느끼게 만들어요. 독심술사는 이렇게 말하곤 하지요. "저 사람은 너를 싫어해.", "저 선생님은 네가 잘하는 게 없다고 생각해."

○ 예언가

예언가는 어떤 상황에서 뭔가 끔찍한 일이 벌어질 거라고 예측해요. "친구가 나를 초대하지 않으면 아무도 나한테 말을 걸지 않을 거고, 나는 루저처럼 보일 거야.", "나는 저 학교에 들어가지 못할 거야. 해 봤자 소용없을 거라고." 이런 말들이 예언가가 하는 대표적인 말들이에요.

○ 최악을 떠올리는 사람

어떤 일이 일어났을 때 도저히 견딜 수 없고 완전히 인생이 바뀔 것처럼 최악을 상상하는 사람은 이렇게 말하곤 해요. "이번 시험을 망치면 나는 절대 좋은 대학에 가지 못할 거야." 일어날 가능성이 있는 부정적인 상황을 크게 부풀려서 과장되게 받아들이는 거예요.

○ 비난하는 사람

"저 선생님 때문에 시험에 떨어졌어.", "쟤가 내 인생을 망쳤어." 이런 생각에 사로잡히면 비난하는 사람이 나타난 거예요. 비난하는 사람은 나쁜 생각이나 경험을 받아들이기가 어려운 나머지 그 책임을 다른 사람에게 돌리고 비난하지요.

○ 심판하는 사람

심판하는 사람은 문제를 단순하게 만들어서 좋거나 나쁘거나, 옳거나 그르거나 하는 식으로 성급하게 결론을 내리곤 해요. 심판하는 사람은 이런 식으로 말해요. "수학 시험을 한 번 더 망치면 너는 수학에는 완전 꽝이야."

○ 이름표 붙이는 사람

"난 똑똑하지 않아.", "걔는 험담을 많이 해." 이런 식으로 생각을 많이 하는 편이라면, 이름표 붙이는 사람을 마주한 거예요. 이름표 붙이는 사람은 제한된 좁은 범위의 정보만 가지고 사람들한테 이름표를 찰싹 붙이고, 그러한 편견을 바꾸기를 거부해요.

○ 비관론자

비관론자는 긍정적인 면을 대단치 않게 여기고, 대신에 잘못될 것 같아 보이는 부분에만 초점을 맞추어요. 비관론자는 이런 식으로 말해요. "우정은 절대 오래가지 않아. 혼자인 게 차라리 나아."

○ 자기 탓을 하는 사람

모든 비난을 떠안기를 좋아하는 사람도 있어요. 심지어 다른 사람들 때문에 문제가 생긴 경우에도 말이에요. 자기 탓을 하는 사람은 이렇게 말해요. "이번 모둠 과제에서 형편없는 점수를 받은 건 내 잘못이야.", "내 남자 친구가 나를 차 버린 건, 내가 부족해서야."

이제 앞에서 본 생각 패턴 가운데 여러분에게 해당되는 것이 무엇인지 생각해 볼 차례예요. 다음 질문에 답을 해 보세요.

- 어떤 인지 왜곡을 경험해 보았나요?

- 부정적인 생각 패턴에 사로잡히기 직전에 무슨 일이 있었나요?

- 어떤 잘못된 생각 때문에 이러한 인지 왜곡이 생겼을까요?

- 여러분의 생각을 긍정적으로 되돌리려면 어떻게 해야 할까요?

🍎 부정적인 생각의 매듭 풀기

우울해지면 부정적인 생각들이 마구 뒤엉키기 쉬워요. 부정적인 생각들은 빠르게 부풀어 오를 수 있어요. 그러면 걱정과 슬픔과 절망감에 단단히 묶인 것 같은 기분이 들지요. 마음 건강을 위해서는 이러한 매듭을 푸는 방법을 익혀야 해요.

첫 번째 단계는 부정적인 생각을 잡아내는 거예요. 어떤 생각들이 나를 괴롭히는지 알아보는 일이지요. '내 머릿속에 나를 낙담하게 만드는 생각들이 이렇게 많구나.' 하고 깨닫고 놀랄지도 몰라요. 괜찮아요. 그게 시작이에요.

그다음은 찾아낸 부정적인 생각들을 하나씩 처리해야 해요. '한 번에 하나씩'이 비결이에요. 부정적인 생각들의 정체를 하나씩 파악하고 이 생각들이 어디에서 오는지 알게 되면 그에 대한 대응 전략도 떠올릴 수 있어요. 바로 현실에 바탕을 두고 생각하는 것이지요.

부정적인 생각이 들 때 이게 현실적인 생각일까를 따져 보세요. 자신의 생각이 정말 맞는지 돌아보는 시간을 갖는 거예요. 그러다 보면 마침내 부정적인 생각의 매듭을 풀고 긍정적인 생각들로 다가서게 되어요.

○ 부정적인 생각 잡아내기

'나는 절대 원하는 대학에 못 들어갈 거야.'

○ 무엇이 이런 생각을 더욱 단단하게 만들까?

1. 지난 시험을 망쳤다.
2. 내가 수학을 잘 못한다는 사실이 계속 생각난다.
3. 부모님이 계속 성적에 대한 부담을 주신다.

○ 현실적인 생각으로 바꾸기

1. 대학에 가려면 아직 여러 번의 시험이 남아 있다.
2. 열심히 하면 더 나은 점수를 받을 수 있다.
3. 부모님은 나를 사랑하신다.

이제 여러분의 차례예요. 잠시 심호흡을 하고, 계속 떠오르는 부정적인 생각의 매듭을 풀어 보세요.

- **부정적인 생각 잡아내기**

- **무엇이 이런 생각을 더욱 단단하게 만들까?**

- **현실적인 생각으로 바꾸기**

🍎 부정적인 생각 털어 버리기

우울할 때가 아니더라도 부정적인 생각 때문에 판단력이 흐려지는 순간들이 있어요. 내가 원하는 게 아닌데도 성가신 생각들이 떠오르면 괴롭지요. 딱 한 번 공을 놓쳤다고 형편없는 선수가 되거나 시합에서 지는 건 아니에요. 하지만 부정적인 생각 속에서는 이런 일이 가능한 것처럼 느껴져요.

우리가 흔히 하는 실수가 부정적인 생각이 떠오를 때 그냥 무시하거나 차단하려고 하는 거예요. 이런 방법은 별로 효과적이지 않아요. 나쁜 생각은 그냥 사라져 버리지 않아요. 나쁜 생각을 극복하기 위해 아래와 같이 한번 해 보세요.

1. 나쁜 생각을 말로 표현하세요. 혼자 방에 있을 때 크게 소리 내어 생각을 말해 보세요. 나쁜 생각을 인정하고 받아들이세요. 어떤 생각이든 괜찮아요. 나쁜 생각을 한다고 여러분이 나쁜 사람이 되지는 않아요.

2. 나쁜 생각을 글로도 써 보세요. 생각과 마음을 글로 써 보는 일은 그 자체로도 치유 효과가 있어요. 감당하기 어려운 일을 이겨 낼 수 있도록 도와줄 거예요.

3. 부정적인 생각이나 감정을 오랫동안 열심히 한번 들여다보세요. 그런 다음, 그것을 대신할 수 있는 긍정적인 생각을 세 가지 떠올려 보세요. 생각을 뒤집어 보는 거예요. 지금 당장 삶이 크게 바뀔 만큼 기발하거나 거창한 생각이 아니어도 돼요. 사소한 일에서부터 변화가 시작된다는 사실을 깨닫는 게 중요해요.

4. 이제는 오랫동안 해 온 부정적인 생각을 털어 버리세요. 종이처럼 갈기갈기 찢어 버린다고 여기세요. 긍정적인 생각에 집중하는 거예요. 내 마음이 조금 더 편안해지고 나 자신이 더 좋은 사람이 될 수 있도록 한 발 나아가게끔 스스로 허락하세요.

○ 기분이 나아질 수 있는 또 다른 방법들

- 매일 운동을 해요. 가볍게 뛰기, 자전거 타기, 반려견과 산책하기, 수영하기 등 편안하게 할 수 있는 활동들을 찾아서 꾸준히 해 보세요.
- 친구와 대화해요. 혼자가 아니라는 사실을 깨닫게 될 거예요.
- 취미를 찾아요. 빵이나 과자 굽기, 식물 기르기, 뜨개질하기, 그림 그리기 등 무엇이든 좋아요. 취미 활동은 마음을 안정시키고 기운을 북돋아 주어요
- 창의적인 일을 해요. 창의적인 결과물을 내는 활동은 우리 마음을 건강하게 만들어요.

🍎 알아보기 다른 사람과 갈등이 생겼을 때 나는?

우울할 때는 뭔가 잘 안되면 짜증이 많이 나고 화도 쉽게 나요. 가까운 사람과 말다툼이라도 하면 감당하기 어려울 것만 같은 격정적인 감정이 휘몰아치지요. 사실 여러분만 그런 건 아니에요. 어떤 사람이든 다른 사람과의 갈등이나 다툼, 충돌을 경험해요. 중요한 건, 갈등을 건강한 방식으로 다루고 통제할 수 없는 감정에 빠지지 않도록 하는 거예요.

먼저 여러분이 갈등을 다루는 방식이 어떤지 한번 알아보세요. 각 상황을 읽고 여러분에게 해당하는 문장에 표시하세요.

1. 친구랑 영화를 보러 가기로 했는데 약속 시간을 불과 몇 분 앞두고 친구가 약속을 취소해 버렸다. 친구는 나와의 약속이 별것 아니라는 듯이 행동했다. 나는 기분이 나쁘고 가슴이 아프다.

  a. 화나지 않은 척하고 상처받았다는 사실을 숨기고 친구에게 재미있는 시간을 보내라고 말한다.
  b. 친구가 보낸 문자를 읽고도 아무 답을 보내지 않는다. 이 문자를 받아들이고 싶지 않다.
  c. 영화를 보러 갈 생각에 신이 났었는데 바로 직전에 취소를 하니 속상하다고 답한다. 다시 약속을 잡지 않겠냐고 제안한다.
  d. 지금 얼마나 화가 났는지를 친구가 알 수 있게끔 분노의 문자를 마구 보낸다.

2. 동생이 내가 가장 아끼는 옷을 말도 안 하고 입었다. 나는 그 옷을 오늘 입을 생각이었다.

  a. 나는 다음에 입을 수 있으니 동생한테 그냥 입으라고 말한다.
  b. 못 알아차린 척한다.
  c. 오늘은 내가 입고 나가야 한다고 말한다. 그 대신에 다음 주에 빌려주겠다고 한다.
  d. 당장 벗으라고 한다.

3. 수업 시간에 아이들이 마구 떠들었다. 그런데 선생님은 나만 지목하고 야단치면서 교무실로 오라고 했다.

  a. 내가 잘못한 거니까 어쩔 수 없이 야단을 맞는다.
  b. 아무하고도 눈을 마주치지 않고 빨리 교실을 나가 버린다.
  c. 교무실에 가서 앞으로는 집중해서 공부하겠다고 말씀드린다.
  d. 말대꾸를 하면서 다른 아이들도 떠들었다고 한다.

4. 친구하고 나가서 놀려고 했는데, 부모님이 중요한 일로 외출해야 하니 집에서 어린 동생을 대신 돌봐 주라고 한다.

    a. 계획을 취소하고 동생을 본다.
    b. 실망감에 방에 들어가서 문을 잠근다.
    c. 친구한테 동생을 봐야 하니 집에 와서 같이 놀지 않겠냐고 물어본다.
    d. 부모님에게 소리를 지르고 집 밖으로 뛰쳐나간다.

5. 체육 시간에 축구 연습을 하게 되었는데, 선생님한테 계속 야단을 맞았다. 알려 주신 대로 열심히 하는데도 선생님은 소리를 지르면서 혼을 냈다. 나 자신이 아무것도 제대로 할 수 없는 사람처럼 느껴졌다.

    a. 잘못을 지적해 주시는 대로 무조건 고치려고 노력한다.
    b. 속으로 발끈했지만, 아무렇지도 않은 척한다.
    c. 휴식 시간에 따로 선생님께 가서 마음을 털어놓는다.
    d. 기분 나쁜 감정을 담아 비꼬는 말을 한다.

A가 많다면:

여러분은 갈등 상황에서 쉬운 길을 택하는 편이에요. 아마도 갈등이 생기면 그냥 다른 사람이 원하는 대로 대부분 따를 거예요. 이렇게 하면 갈등이나 분쟁이 일어나는 횟수를 줄일 수는 있어요. 하지만 여러분의 화난 감정을 누르고 해소하지 않은 채 그대로 내버려 두는 것은 좋지 않아요. 다른 사람과 갈등이 생겼을 때 자신의 요구 사항을 적절히 주장하는 법도 배워야 해요.

B가 많다면:

여러분은 도망치거나 숨어서 갈등이나 분쟁을 피하는 경향이 있는 것 같아요. 하지만 갈등을 영원히 피할 수는 없어요. 어렵더라도 갈등을 잘 해결하는 방법을 배워야 해요.

C가 많다면:

여러분은 절충하거나 협상하는 법을 잘 알고 있어요. 자신의 감정이나 생각을 표현하는 걸 두려워하지 않지요. 조금씩 양보하여 다른 사람과의 갈등을 잘 해결하는 편이니 계속 그렇게 하세요!

D가 많다면:

여러분은 '화'라는 감정이 이기도록 두는 편인 것 같아요. 문제를 해결하기보다는 소리를 지르거나 비꼬고 빈정대면서 자신의 화를 다른 사람에게 표출하지는 않나요? 갈등이 생기더라도 다른 사람의 입장을 헤아리려 노력하고, 자신의 감정을 잘 표현하는 법을 익히면 도움이 될 거예요.

🍎 화를 흘려보내기

화가 났을 때 그 감정을 그대로 잡고 있으면 기운이 빠지고 우울해져요. 여러분을 화나게 한 일, 그래서 그 사람과 관계가 끊어진 일을 붙잡고 곱씹으면 다른 사람과의 관계에도 문제가 생기고 새로운 관계를 맺기도 어려워져요.

다음은 화를 끄집어내고 그 감정을 흘려보내는 데에 효과가 있는 방법이에요.

○ 화가 났던 순간을 글로 표현하기

최근에 가까운 사람과 다투었던 경험을 떠올리고 질문들에 답해 보세요.

- 다툼이 어떻게 시작되었나요?

_____
_____
_____

- 다투는 과정에서 무엇이 여러분을 화나게 만들었나요?

_____
_____
_____

- 다툼을 해결하기 위해 무엇을 했나요?

_____
_____
_____

- 상대방이 무엇을 이해해 주길 바랐나요?

_____
_____
_____

- 지금까지도 생각나는 게 있나요? 무엇인가요?

_____
_____
_____

○ 좋은 결말을 떠올리기

마음을 진정시킬 수 있는 편안한 장소를 찾아보세요. 차분한 음악을 들어도 좋아요. 눈을 감고 심호흡을 하세요. 앞에서 배운 것처럼 넷까지 세면서 숨을 들이마시고, 멈춘 채로 넷까지 세고, 다시 넷까지 세면서 내쉬어요. 이렇게 세 번을 하면서 머릿속을 비우세요. 그리고 여러분이 느낀 화의 감정이 하늘로 날아가는 장면을 상상해 보세요. 좋아하는 장소를 가거나 친구와 즐겁게 대화하는 등 행복한 기분이 드는 상상도 해 보세요. 화가 모두 사라질 때까지 심호흡을 하면서 기분이 좋아지는 장면을 머릿속으로 계속 떠올려요.

○ 또 다른 방법

종이비행기 날리기: 여러분을 화나게 했던 이야기를 종이에 모두 적은 다음 종이비행기를 접어 보세요. 그런 다음 그것을 날려 보세요. 종이비행기를 날리면서 화도 모두 날려 버리세요. (종이비행기를 다시 가져올 수 있는 안전한 장소에서 하세요.)

빈 깡통 차기: 작게 오린 종이에 화가 나는 심정을 적고, 빈 깡통 안에 넣으세요. 넓은 장소에 나가 깡통을 차면서 나쁜 감정과 생각도 모두 날려 버리세요! (깡통을 차도 되고, 나중에 회수할 수 있는 안전한 장소에서 하세요.)

🍎 서로 생각이 다를 때 대화하기

사람은 누구나 다른 사람이 자신의 의견에 동의해 주고, 자신의 관점을 받아들여 주기를 바라지요. 특별히 이기적인 성격이어서가 아니라 원래 그래요. 그래서 생각 차이로 인한 갈등이 생기고 그 갈등을 해결하기도 어려운 거예요. 사람들 사이의 갈등은 흔하고 자연스러운 일이에요.

그런데 이러한 갈등을 다루는 데에 서툴면 주변 사람들과의 관계 때문에 쉽게 우울해질 수 있어요. 다행스럽게도 우리 사람은 서로의 감정을 배려하고 이해하려는 측변도 가지고 있어요. 어떤 일에 대하여 의견이 다르더라도 서로를 존중하며 평화로운 방식으로 자신의 감정과 생각을 표현할 수 있지요. 그런 방법을 익히면 돼요.

아래는 서로 대화하며 갈등을 해결하는 과정이에요. 잘 읽고 한번 적용해 보세요.

1단계: 우선 차분함을 유지하세요. 양쪽 모두 화가 나서 감정 싸움이 벌어지고 있을 때는 갈등을 해결하기가 아주 어려워요. 이렇게 말하세요.

"다시 대화하기 전에 잠깐 숨 돌릴 시간이 필요해."

2단계: 두 사람 사이의 문제를 명확하게 정리하세요. 그러려면 서로의 입장이 되어 보는 일이 필요해요. 먼저 내 생각과 감정을 가능한 한 명확하게 표현해 보세요.

"오늘 나는 네가 다른 친구들 앞에서 그런 농담을 해서 무척 창피했어.
앞으로는 다른 사람이 있는 데에서 이런 농담을 안 하기로 약속하면 좋겠어."

3단계: 이번에는 상대방의 말을 잘 들어 보세요. 친구가 말하는 동안에는 귀를 기울여야 해요. 이렇게 해 보세요.

- 상대방의 눈을 바라본다.
- 자신이 이해한 바가 맞는지 질문하여 확인한다.
- 친구가 말을 다 마칠 때까지 기다린 다음에 말한다.

4단계: 이제 협상하세요. 문제의 원인에 대한 생각이 서로 다를 수 있지만, 양쪽 모두에게 적합한 해결책을 찾아보세요.

"너와 내가 생각이 다르다는 것을 알게 되었어.(알게 된 사실)
서로 조금씩 양보하여 이렇게 하면 어떨까?(협상한 내용.)"

🍎 알아보기 | 화에 대한 오해?

화는 '나쁜 것'으로 치부되곤 하지만, 사실은 자연스럽고 건강한 감정이에요. 화가 난다고 나쁜 게 아니에요. 하지만 화를 그대로 품고 있으면 우울한 감정으로 이어져요. 건강한 마음으로 지내려면 화를 적절히 표출하고 푸는 방법을 익혀야 해요.

화에 대한 다음 문장들을 읽고, 오해인지 아닌지 표시해 보세요.

1. 화에 대하여 말하는 건 멋지지 않다. 그리고 다른 사람의 기분을 상하게 한다.

　○ 오해　　　○ 진실

　답: 오해. 화는 그 자체로 심술궂거나 나쁜 감정이 아니에요. 자신과 상대방을 모두 존중하면서 화에 대하여 대화하는 방법도 있어요.

2. 화를 흘려보내면 나의 문제를 해결하는 데에 도움이 된다.

　○ 오해　　　○ 진실

　답: 진실. 화가 났을 때 그것을 잘 다스리면 문제를 마주 대하고 해결 방법을 찾을 수 있지만, 그렇지 않고 화를 그대로 쌓아 두려고만 하면 오히려 문제가 커져요.

3. 화가 났을 때 표현하는 좋은 방법은 없다.

○ 오해   ○ 진실

답: 오해. 화나 좌절감을 느낄 때 대화하는 일은 쉽지 않지만, 미리 할 말을 정리하고 차분한 태도를 취하면 감정을 잘 표현할 수 있어요.

4. 내가 왜 화가 났는지 말하면 사람들은 자기 입장을 방어하려고만 할 것이다.

○ 오해   ○ 진실

답: 오해. 여러분이 다른 사람에게 실망감을 느낀 일에 대하여 말하면 그 사람이 방어적으로 나올 수도 있지요. 그건 사실이에요. 하지만 상대의 잘못에만 초점을 맞추지 않고, 비난하지 않는 태도로 말하면 함께 문제를 해결할 수 있어요.

5. 화를 풀지 않고 방치하면 감정이 더 나빠질 뿐이다.

○ 오해   ○ 진실

답: 진실. 많은 사람이 화를 단지 한쪽에 잘 밀어 두면 된다고 생각하지만, 화는 항상 되돌아와요. 화에 대하여 알고, 받아들이고, 건강하게 처리하는 게 마음 건강에 훨씬 더 좋아요.

🍎 자기 주도적인 의사소통 방식

우울해지면 혼자 있는 시간이 늘고, 다른 사람과의 다툼을 무조건 피하려고 할 거예요. 하지만 마음이 힘들더라도 용기를 내서 다른 사람에게 자신의 생각을 표현하고 주장해야 해요. 그래야 마음에 건강한 울타리가 생기고 자신감도 얻게 돼요.

사람들은 다양한 의사소통 방식을 사용해요. 아래 내용을 읽고 여러분이 자주 사용하는 방식은 어떤 것인지 생각해 보세요.

수동적인 방식: 이런 방식을 취하는 사람들은 자신의 요구 사항이나 생각, 감정을 내세우기보다는 다른 사람의 것을 받아들여요. 이 때문에 어떤 대가를 치르더라도 말이에요. 이들은 조용한 목소리로 말하며, 다른 사람과 눈을 마주치기를 어려워해요. 자신감이 부족해서 자기 자신의 시각으로 소통하려 하지 않아요.

공격적인 방식: 이런 방식을 취하는 사람들은 자신의 요구 사항을 먼저 내세우고, 다른 사람의 이야기에는 귀를 기울이지 않아요. 이들은 큰 목소리로 논쟁을 하고 다른 사람을 비판하거나 창피하게 만들기도 해요. 강압적으로 소통하며 다른 사람과 의견이 부딪히면 무력을 사용하는 경우도 있어요.

자기 주도적인 방식: 이런 방식을 취하는 사람들은 자기 자신이 원하는 바나 요구 사항, 감정을 내세우는 동시에 다른 사람의 원하는 바나 요구 사항, 감정도 존중해요. 이들은 대화할 때 적절하게 눈을 마주치고 귀 기울여 잘 들으며, 자신이 언제 반응해야 좋은지를 알고 기다릴 줄 알아요. 자신감이 있고 다른 사람과 협상하려는 자세를 가져요.

다음 각 상황에 대한 반응 1,2,3이 어떤 방식에 해당할까요? 답을 찾는 것보다 의사소통 방식에 대하여 생각해 보는 일이 중요해요. 평소 자신의 모습을 떠올리며 차분히 한번 생각해 보세요.

1. 친구가 수업 시간 직전에 수학 숙제를 보여 달라고 한다. 내 숙제를 그대로 베끼는 걸 원하지 않지만 친구가 숙제를 못했다고 하니 기분이 좋지는 않다.

    반응 1: "네가 게을러서 숙제를 못한 게 내 탓은 아니잖아. 네가 알아서 해!"

    반응 2: "알았어. 대신에 빨리 보고 제때에 돌려줘."

    반응 3: "숙제할 시간이 없었다고 하니까 나도 마음이 안 좋기는 해. 그래도 베끼는 건 좋은 생각은 아닌 것 같아. 나중에 이 내용에 대해서 알려 줄 수는 있어."

2. 열심히 자료를 찾아서 작성하고 제출한 자유 탐구 과제에 형편없는 점수를 받았다. 아무래도 선생님이 너무 점수를 박하게 준 것 같다.

    반응 1: '왜 선생님은 나한테 매번 이런 점수를 주시지? 엄마한테 말해야겠어.'

    반응 2: 머리를 푹 숙이고 선생님을 외면하고 교실 밖으로 나간다.

    반응 3: 선생님께 따로 면담을 신청해 본다. 열심히 했다고 말씀드리고 어느 부분을 더 보완했어야 하는지 여쭤본다.

3. 과학 시간에 모둠 과제를 하는데 한 친구가 의논도 안 하고 각자 할 일을 나누었다. 내가 맡은 부분은 내 힘으로 하기 어려운 것이고, 이 부분을 맡고 싶지 않다.

    반응 1: "알았어. 내가 이 부분을 맡을게."

    반응 2: "나는 계산보다는 보고서 작성을 맡는 게 좋을 것 같아. 나랑 바꿔서 할 사람 있니?"

    반응 3: "이건 전부 옳지 않아. 난 이거 안 할 거야. 내가 각자 할 일을 다시 나눠 주는 게 좋겠어."

알아보기: 스트레스가 내 생활에 미치는 영향은?

아래의 각 문장을 읽고 '예'나 '아니요'에 표시해 보세요.

1. 숙제랑 시험 공부할 내용이 산더미 같을 때 압박감에 숨이 막힌다.

　　　○ 예　　　○ 아니요

2. 할 일이 너무 많아서 스트레스를 받으면 머리가 아프다.

　　　○ 예　　　○ 아니요

3. 스트레스를 받으면 정크 푸드나 단 음식이 당기거나 아예 아무것도 안 먹고 싶다.

　　　○ 예　　　○ 아니요

4. 생각할 거리가 많으면 잠을 잘 못 잔다.

　　　○ 예　　　○ 아니요

5. 스트레스가 쌓이면 혼자 있고 싶다.

　　　○ 예　　　○ 아니요

6. 스트레스를 받으면 화가 나거나 짜증이 난다.

　　　○ 예　　　○ 아니요

7. 스트레스를 받으면 친구나 가족들을 평소처럼 잘 대하지 못한다.

　　　○ 예　　　○ 아니요

8. 스트레스를 받으면 씻고, 운동하고, 챙겨 먹는 일 등을 잘 못하고 스스로를 잘 돌보지 못한다.

　　　○ 예　　　○ 아니요

대부분 '예'라고 했다면: 스트레스가 여러분의 식습관, 수면, 학습, 인간관계에 모두 나쁜 영향을 주고 있다고 봐야 해요. 다시 말해 스트레스 때문에 일상생활에 지장이 있는 상태예요.

대부분 '아니요'라고 했다면: 스트레스에 비교적 잘 대처하고 있는 것 같아요. 하지만 스트레스는 언제든 슬그머니 우리에게 다가올 수 있어요. 생활을 자주 돌아보고 스트레스를 관리하는 습관을 가져야 해요.

🍎 속마음을 표현하기

가벼운 우울함을 느낄 때는 기분을 바꾸고 그 속에서 빠져나오기가 비교적 쉬워요. 우울하고 슬픈 감정을 털어 버리지 못하고 그대로 품고 있으면 그 감정이 점점 더 커지고 복잡해져서 나중에는 감당하기가 어려워져요. 그럴 때는 누군가에게 마음을 털어놓는 일이 도움이 돼요. 우울할 때마다 속마음을 모두 다른 사람에게 말해야 하는 건 아니에요. 그래도 우리 마음은 가끔 다른 사람의 도움이 필요해요. 힘든 순간에는 마음을 열고 믿을 만한 누군가에게 감정을 표현하는 방법을 익혀야 해요.

○ 신뢰할 수 있는 사람 찾기

누가 여러분의 이야기에 귀를 기울이고 도와줄 수 있을까요? 힘들 때 도움을 청할 수 있는 사람이 누구인지 생각해 보세요. 부모님, 친척, 친구, 선생님 등을 주변 사람들을 떠올리고, 믿고 내 이야기를 할 수 있는 사람들의 이름을 아래에 적어 보세요.

_____

_____

_____

○ 감정을 말로 표현해 보기

"나 우울해.", "지금 너무 힘들어요." 이런 말을 다른 사람 앞에서 솔직하게 꺼내기가 쉽지는 않을 거예요. 그렇다면 거울 앞에서 먼저 연습을 한번 해 보면 어떨까요? 처음에는 어색하겠지만, 효과가 있을 거예요. 위에서 믿을 수 있다고 지목한 사람에게 어떤 이야기를 하고 싶나요? 나의 어떤 마음을 알아주었으면 하나요?

　　　여러분이 말하고 싶은 내용을 아래에 적어 보세요.

_____

_____

_____

_____

이제 거울 앞에 서서 앞에서 쓴 글을 읽어 보세요. 쉽게 이야기할 수 있다고 느낄 때까지 읽고 또 읽어 보세요. 감정을 표현하는 일도 충분한 연습이 필요해요. 자전거 타기를 배우는 일과 같아요.

그런데 나의 감정을 말이나 글로 명확하게 설명하기가 어려울 때도 있지요. 그럴 때에는 여러분이 느끼는 우울함을 아래 그림에 빗대어 표현해 보세요. 1은 기분이 꽤 좋은 상태이고, 10은 기분이 아주 저조하고 도움이 필요한 상태예요. 이 그림을 보여 주면 나의 마음이 지금 어떠한지 이야기하기가 수월할 거예요.

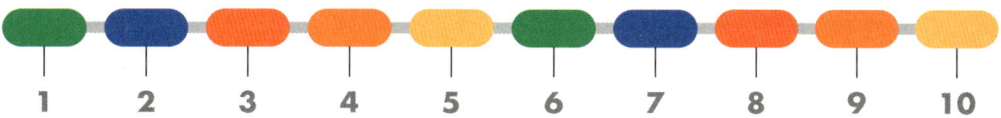

○ 또 다른 아이디어

- '정신적 지주'라고 여길 만한 사람에게 편지를 써 보세요. 어떤 기분이 드는지 무엇 때문이 그러한 기분이 드는지를 글로 설명해 보세요.
- 부모님이나 신뢰할 수 있는 사람에게 문자로 도움을 청해 보세요. "기분이 저조해서 꼼짝달싹도 못할 것 같은 상태에 빠졌어요. 대화가 필요한 것 같아요."
- 마음속에 숨겨져 있는 감정을 꺼내서 예술 작품으로 표현해 보세요.
- 부모님 중 한 분과 교환 일기 쓰기를 시작해 보세요. 말로 하는 것보다 좀 더 안심이 되는 방법이에요. 그간 꺼내기 어려웠던 마음속 이야기를 일기에 적어 보세요.

🍎 스트레스에 대응하기

스트레스는 우리를 불편하게 하지만, 그렇다고 늘 나쁘지는 않아요. 스트레스를 영리하게 잘 사용하면 어려운 상황을 헤쳐 나갈 힘을 얻기도 해요. 스트레스가 쌓인다고 술이나 담배 같은 부정적인 방법으로 풀지 말고, 운동이나 다른 사람과의 대화처럼 긍정적인 방법을 사용해 보세요.

○ 1단계: 무엇이 문제인지 명확하게 밝히기

- 스트레스가 없는 상태를 0, 스트레스가 높은 상태를 5라고 한다면, 지금 이 문제는 얼마나 큰 스트레스를 주나요?

  _____

- 스트레스의 원인이 뭔가요? 무엇 때문에 스트레스가 쌓이나요?

  _____

- 이 문제를 해결하기 위하여 도움이 필요합니다.   ○ 예   ○ 아니요

- '예'라고 답했다면 누구에게 도움을 청해야 할까요? _____

- 스트레스를 줄이기 위해서 지금 시도해 볼 수 있는 일을 세 가지 적어 보세요.

  1. _____
  2. _____
  3. _____

○ 2단계: 자기 자신을 돌보기

규칙적인 수면이나 건강한 식단과 운동이 기분과 스트레스를 관리하는 데에 있어 중요하다는 사실을 이미 앞에서 배웠어요. 알고는 있지만, 실제로 이에 대해서 먼저 신경을 쓰려면 연습을 해야 해요. 자기 돌봄을 실천하기 위한 계획을 세워 보세요.

- 나의 마음을 안정시키고 집중하는 데에 도움을 주는 음식은 무엇일까요?

  1 _____
  2 _____
  3 _____

- 화를 가라앉히는 활동이나 운동으로 무엇을 해 볼 수 있나요?

  1 _____
  2 _____
  3 _____

- 나는 _____ 시에 자고, _____ 시에 일어나려고 합니다.

'to do list'를 적으며 계획을 세우는 습관은 스스로를 잘 돌보는 일에 초점을 맞추고 세운 목표를 향해 계속 나아갈 수 있게 해요.

3단계: 마음을 안정시키는 나만의 도구 상자를 만들기

여러 방법을 시도하다 보면 여러분에게 특히 잘 맞고 효과가 있는 것을 발견할 수 있어요. 아래 목록 가운데 여러분이 시도해 보고 마음에 들었거나, 앞으로 더 시도해 보고 싶은 것들을 골라 표시해 보세요.

기분 좋은 장면을 떠올리기	심호흡하기	마음챙김을 해 보기
따뜻한 물에 목욕하기	따뜻한 차를 마시기	일기 쓰기
명상하기	퍼즐 풀기	근육을 이완하는 스트레칭
책읽기	베이킹	스트레스 볼 사용하기
요가	색칠하기	친구에게 털어놓기
글쓰기	그림 그리기	음악 듣기

○ 4단계: 통제할 수 없는 것을 내려놓기

살다 보면 자신의 힘으로는 어쩔 수 없는 일도 생겨요. 예를 들어 친구 사이가 벌어지면 마음이 많이 아프지만, 우정이라는 게 자기 힘만으로 억지로 잘되도록 할 수 있는 건 아니지요. 그럴 때는 내 힘으로 어쩔 수 없다는 사실을 받아들이고 속상한 마음을 추슬러야 해요. 그래야 다른 친구와 새로운 우정을 쌓아 갈 수 있어요.

학교생활에서도 그래요. 숙제나 시험이 너무 많아서 감당하기 어렵다면, 해야 할 일을 스스로 정해서 감당할 수 있게끔 만들어야 해요. 괴롭고 힘든 감정은 흘려보내고, 어려운 일을 어떻게 처리해야 할지 스스로 고민하고 계획을 세우는 거예요. 그렇게 하나씩 차근차근 해야 할 일을 해 나가다 보면 어느새 스트레스는 사라지고 대신 자신감이 생길 거예요.

● 스트레스를 줄이기 위해서 해 볼 수 있는 일들을 적어 보세요.

1. _____
2. _____
3. _____

● 스트레스에 잘 대응하기 위해서 내가 무엇을 바꿀 수 있을지 적어 보세요.

1. _____
2. _____
3. _____

🍎 스트레스와 이별하기

스트레스 없이 사는 일이 가능할까요? 스트레스는 어떤 순간에든 늘 존재해요. 스트레스가 완전히 사라지기를 바랄 수는 없어요. 하지만 스트레스가 여러분의 몸과 마음을 엉망으로 만드는 일은 막아야겠지요.

　　여러분의 스트레스에게 편지를 써 보세요. 자신에게 어떤 스트레스가 있는지, 그 스트레스를 왜 떠나보내야 하는지 마치 사람에게 쓰듯이 이별의 편지를 써 보세요. 편지를 다 쓰고 나면 스트레스에게 "이제 그만 안녕!" 하고 인사를 하고 실제로 떠나보내세요. 어렵거나 많은 노력이 드는 일이 아니지만, 이렇게 하고 나면 분명 기분이 후련해질 거예요. 이렇게 스트레스와 이별을 한 뒤에는 내가 정말 좋아하는 일을 한 가지 하세요.

🍎 마음속 안전한 공간 만들기

무엇이 스트레스나 우울함으로부터 우리를 보호해 줄까요? 믿을 수 있는 사람들의 도움, 자신의 재능이나 내면의 힘, 힘들 때 시도해 볼 수 있는 긍정적인 방법, 도움을 얻을 수 있는 곳, 미래에 이루고 싶은 목표 등이 우리 마음속에 안전한 공간을 만들어 주지요.

여러분 마음속에 스트레스나 우울함으로부터 자신을 지켜 주는 안전한 공간을 만든다고 생각해 보세요. 무엇이 나를 안전하게 보호해 줄 수 있을까요?

- **나를 도와줄 수 있는 사람들**

- **내가 가진 재능이나 내면의 힘**

- **힘들 때 시도해 볼 수 있는 긍정적인 방법**

- **도움을 얻을 수 있는 곳**

- **미래에 이루고 싶은 목표**

🍎 알아보기) 우울할 때 미루는 습관이 있을까?

우울해지면 모든 것을 피하고 아무 일도 하고 싶지 않은 상태가 되어요. 무엇이든 아주 크게만 여겨지고, 내 힘으로는 해낼 수 있는 일이 없는 것처럼 느껴지지요. 그래서 미루는 습관이 생기기도 해요. 여러분은 어떤가요? 우울해지면 미루는 습관이 있나요?

1. 나는 종종 숙제를 미루고 급하게 한다.
 ○ 전혀 ○ 가끔 ○ 항상

2. 중요한 숙제가 있을 때 나는 미룰 수 있을 때까지 미룬다.
 ○ 전혀 ○ 가끔 ○ 항상

3. 모둠 활동을 할 때 누군가 시작하자고 말할 때까지 기다린다.
 ○ 전혀 ○ 가끔 ○ 항상

4. 선택하거나 결정하는 일이 어렵다. 그래서 가능하면 미룬다.
 ○ 전혀 ○ 가끔 ○ 항상

5. 중요한 일을 시작하기 전에 항상 다른 일들을 먼저 하는 편이다.
 ○ 전혀 ○ 가끔 ○ 항상

셋 이상에 '항상'이라고 답했다면 감정적으로 압도당하여 스트레스를 받으면 미루는 경향이 있다고 볼 수 있어요. 해야 할 일을 더 작은 단위로 나누고, 시작하는 시점을 찾는 훈련을 하면 거대하게만 느껴지는 일도 내 힘으로 잘 통제하고 해낼 수 있어요. (94~95쪽의 '한 번에 한 단씩 오르기' 활동을 해 보세요.)

🍎 힘을 주는 생각들

우울할 때는 부정적인 생각들로 머릿속이 꽉 차요. 그리고 그 생각들이 사라지지 않아서 영영 아무것도 해낼 수 없을 것처럼 느껴져요.

긍정적이고 영감을 주는 생각을 하면 부정적인 생각에 맞서 싸울 수 있어요. 우리에게 '힘을 주는 생각'이 중요한 일을 미루지 않도록 도와줄 거에요.

힘을 주는 생각은 간단한 것일 수도 있어요. '나는 항상 기한을 잘 지켜.', '우리 모둠에서 나는 정말 중요한 역할을 맡고 있어.' 이렇게요. 아래 말풍선을 '힘을 주는 생각'들로 채워 보세요. 어려운 일을 해내야 할 때마다 이 책을 펼쳐 말풍선을 다시 보면 도움이 될 거예요.

🍎 한 번에 한 단씩 오르기

일을 미루게 되는 가장 큰 이유는, 도무지 어떻게 시작해야 할지를 모르기 때문이에요. 그 일이 너무 크게만 느껴져서 무엇부터 해야 할지 가늠이 잘 안 되어서 그래요. 이때는 목표나 해야 할 일을 더 작게 쪼개서 생각하면 도움이 돼요.

시험이나 과제 등 지금 감당하기 어렵다고 여겨지는 것을 하나 골라 아래에 적어 보세요. 그런 다음, 그 일을 여러 개로 더 작게 나누어 생각해 보세요. 이루어야 할 목표를 여러 단계로 나누어도 돼요. 그러고 나서 오른쪽 사다리의 가장 낮은 단에 가장 먼저 해야 할 일을 적어 보세요. 사다리 위로 올라가면서 그다음 해야 할 일들도 차곡차곡 써 보세요. 가장 높은 곳에는 마침내 이루고 싶은 목표를 쓰세요.

만약 다음 시험을 대비한다면 먼저 공부할 분량을 나누고, 필기를 정리하고, 주요 내용을 간추리고, 필기를 보며 공부하고, 풀어야 할 문제를 정리하고, 문제를 풀고 채점한 다음, 복습하는 식으로 여러 단계로 쪼개서 생각해 보세요. 각 단계의 일을 얼마 동안 하면 좋을지 일정도 짜 보세요. 한 번에 꼭대기까지 단숨에 오르려고 하면 힘이 들지만, 한 번에 딱 한 단씩만 오르는 일은 더 편안하게 느껴질 거에요.

계획을 다 짜고 나면 앞에서 적은 '힘을 주는 생각'을 보며 잠시 마음을 가다듬는 시간을 가져요. 준비가 되었다면 첫 번째에 해당하는 일을 한번 시도해 보세요. 다 마친 뒤에는 잠시 휴식을 취하면서 두 번째 단에 오르기 위해 다시 마음을 가다듬는 시간을 가지세요.

- 감당하기 어려운 과제

7. _____

6. _____

5. _____

4. _____

3. _____

2. _____

1. _____

🍎 문제를 마주 보고 해결책 찾기

뾰족한 해결책이 떠오르지 않을 때도 그 일이 감당하기 어려운 것처럼 느껴져요. 그렇다고 부담감에 핸드폰만 보면서 회피해도 해야 할 일이나 해결해야 할 과제가 사라지지 않아요. 문제를 해결하지 않고 피하고픈 생각이 들 때는 아래와 같이 해 보세요.

1. 문제가 무엇인지 문장으로 표현하기.
2. 가능한 모든 해결책을 짜내기. 아무리 우스워 보이는 것도 모두 적기.
3. 각 해결책에 대하여 깊이 생각하기. 다른 사람의 이야기도 들어 보기.
4. 가장 마음에 드는 두 가지 해결책을 고르기.
5. 첫 번째 해결책을 여러 단계로 쪼개서 실행하기.
6. 첫 번째 해결책에 대하여 평가하고, 효과가 없었다면 두 번째 해결책을 시도하기.

- 이 문제를 어떻게 해야 할지 모르겠어.

- 이런 해결책은 어떨까?

- 나는 이 해결책을 먼저 시도해 볼 거야.

- 그러려면 이 단계들을 거쳐야 해.

- 이런 점에서 효과가 있었어.

- 하지만 이런 점은 보완해야겠어.

- 이 해결책은 성공적이었을까?
  ☐ 예   ☐ 아니요

🍎 알아보기 나는 나 자신을 믿을까?

나 자신을 믿지 않고 의심하는 마음은 우울함을 가져와요. 내면에서 부정적인 목소리가 들려 제대로 할 수 있는 일이 없다고 느끼면, 자기 자신을 제대로 평가하지 못하고 자신감도 줄게 되지요. 여러분도 자기 자신을 의심해 본 적이 있나요? 아래 질문에 '예'나 '아니요'로 답해 보세요.

1. 결정을 내리기 전에 친구나 가족의 확인이 필요하다.
   ○ 예   ○ 아니요

2. 누군가 나를 비난하면, 나는 대체로 그들이 맞다고 생각한다.
   ○ 예   ○ 아니요

3. 스스로 결정을 내리기 전에 일어날 수 있는 문제들에 대하여 생각해 본다.
   ○ 예   ○ 아니요

4. 여러 사람 사이에서 소리 내어 의견을 말하기가 불편하다.
   ○ 예   ○ 아니요

5. 나는 종종 나의 직감에 대하여 의구심이 든다.
   ○ 예   ○ 아니요

'예'라고 세 번 이상 답했다면 자신을 의심하는 마음이 자신감에 나쁜 영향을 주고 있다고 볼 수 있어요. 다른 사람의 평가나 반응이 내게 도움이 될 때도 있지만, 다른 사람의 목소리보다는 내 속에서 들려오는 내면의 목소리에 더욱 집중해야 해요. 자신의 직감을 믿고 따를 수 있어야 마음이 건강해져요.

🍎 나의 강점을 적어 보기

자기 의심을 극복하는 방법 가운데 하나는 자신의 강점을 크게 적어 보는 거예요. 큰 종이에 써서 벽에 붙이거나 화이트보드를 활용하면 자신이 가진 훌륭한 점을 자주 확인할 수 있어요. 잠시 시간을 내서 여러분이 가진 좋은 점, 뛰어난 점이 무엇인지 고민해 보고 아래 공간에 적어 보세요.

상을 받을 정도로 대단한 내용만 적어야 하는 건 아니에요. 사소한 것도 강점이 될 수 있지요. 여러분은 좋은 친구인가요? 그렇다면 그걸 적으세요. 가족을 위해 요리하는 걸 좋아하나요? 그것도 적으세요! 또 어떤 강점이 있나요?

🍎 긍정적인 내면의 목소리

여러분 내면의 목소리는 여러분이 어떤 사람이라고 말하나요? 좋든 나쁘든 사람들은 내면의 목소리가 자신을 평가하는 이야기에 귀를 기울여요. 내면의 목소리가 여러분을 친절하고 유능하고 재미있는 사람이라고 이야기한다면, 여러분은 그 이야기대로 생각하고 행동할 거예요. 반면에, 내면의 목소리가 여러분을 아무 가치도 없고 재미도 없고 똑똑하지도 않다고 이야기한다면, 여러분은 어디를 가더라도 정말 그런 사람처럼 보일 거고요.

자기 자신에게 부정적인 이야기를 자주 들려주는 편인가요? 그렇다면 긍정적인 주문을 사용해서 그 이야기를 고쳐 써 보세요. 여기에서 말하는 '주문'이란 자기 자신을 응원하기 위해 반복해서 말하는 문장이나 단어를 말해요. "나는 열심히 하고 있어.", "나는 목표를 이룰 거라는 걸 알아." 이렇게 짧은 주문을 정해 놓고 자기 의심이 스멀스멀 올라올 때 크게 읽어 보세요.

아래 확성기 밖으로 난 밑줄에 여러분만의 주문을 떠올리고 적어 보세요.

알아보기 — 나는 완벽주의자일까?

많은 사람이 완벽주의에 빠져요. 완벽주의는 작은 흠이나 실수도 참을 수 없어 하는 걸 말해요. 어떤 사람은 자신이 완벽주의자라는 사실을 자랑스러워하기도 해요. 하지만 완벽주의를 추구하면 자기 자신을 혹독하게 대하게 돼요. 사소한 잘못에도 자기 자신을 비판하고 궁지로 몰게 되지요. 자연히 스트레스도 많이 받고 우울한 기분에 자주 빠질 거예요. 여러분은 어떤가요?

1. 해야 할 일이 있을 때 내가 괜찮다고 느껴질 때까지 하고 또 한다.
　○ 예　　　○ 아니요

2. 예상했던 대로 일이 잘되지 않으면 하루를 망치게 된다.
　○ 예　　　○ 아니요

3. 여럿이서 함께하는 일에서 어려움을 겪는다. 나는 혼자 하는 걸 선호하기 때문이다.
　○ 예　　　○ 아니요

4. 뭔가가 잘 안되면 불안하고 마음이 요동친다.
　○ 예　　　○ 아니요

5. 다른 사람이 한 일에 대하여 지나치게 비판적일 때가 있다.
　○ 예　　　○ 아니요

'예'라고 세 번 이상 답했다면 완벽주의가 마음 건강을 해치고 있다고 볼 수 있어요. 완벽주의가 지나치면 자존감에 상처가 나요. 세상에 완벽한 건 없어요. 삶에서 만나는 실패나 실수, 망가진 부분도 끌어안는 법을 배우세요. 그래야 실패하지 말아야 한다는 압박감으로부터 자유로울 수 있어요.

 **일기 쓰기**

일기 쓰기는 긍정적인 감정과 만나고 완벽주의에서 벗어날 수 있는 좋은 방법이에요. 일기를 쓰면서 여러분 삶의 긍정적인 부분을 되새겨 보세요.

1. 여러분을 정의하는 문장을 다섯 개 써 보세요. 다 쓴 뒤에 이 문장들에 대하여 깊이 생각해 보세요. 여러분을 정말로 잘 설명해 주는 가장 좋은 문장은 무엇인가요? '지금의 자신'이 아니라 '되고 싶어 하는 자신'에 대하여 쓴 문장도 있나요?

   나는 _____
   나는 _____
   나는 _____
   나는 _____
   나는 _____

2. 여러분의 어떤 특성이 여러분을 친구들로부터 멀어지게 할까요?

   _____
   _____
   _____
   _____

3. 안전한 장소를 벗어나 겁이 나는 일을 시도하려고 한 적이 있나요? 새로운 일을 시도했을 때 어떤 느낌이었는지 써 보세요.

   _____
   _____
   _____
   _____

4. 자신감을 느꼈을 때를 떠올리고 적어 보세요. 그때 무엇을 했었나요? 무엇이 자신감을 불러일으켰나요?

_____

_____

_____

_____

5. 스스로 강하다고 느낄 때 무엇이 그런 느낌을 가져오나요?

_____

_____

_____

_____

6. 존경하는 사람에 대하여 적어 보세요. 이 사람의 어떤 점을 존경하나요? 이 사람으로부터 무엇을 배울 수 있나요?

_____

_____

_____

_____

7. 스스로 좋아하는 자신의 장점 다섯 가지를 적어 보세요.

1. _____

2. _____

3. _____

4. _____

5. _____

8. 자존감이 높다는 게 무슨 뜻일까요?

_____
_____
_____
_____

9. 어떤 일이 자존감을 높여 줄까요?

_____
_____
_____
_____

10. 마음을 안정시키는 것과 행복감을 주는 것 세 가지를 각각 적어 보세요.

    1. _____
    2. _____
    3. _____

    1. _____
    2. _____
    3. _____

🍎 산책하며 감사하는 연습하기

감사하는 연습을 하면 실제로 행복감이 커진다는 걸 알고 있나요? 하루에 딱 20분만 투자해서 감사한 일들에 대하여 떠올려 보세요. 기분이 좋아지고 몸도 마음도 건강해져요.

감사하는 산책은 밖으로 나가 가벼운 운동을 하고 자연을 즐기는 동안 감사하는 연습을 하는 거예요. 마음을 차분히 가라앉히고 천천히 걸으면서 스트레스가 사라질 때까지 앞에서 배운 심호흡을 해 보세요.

아래 내용은 산책을 하면서 감각에 집중할 수 있도록 돕는 질문이에요.

● 걸으면서 본 세 가지를 써 보세요.

1. _____
2. _____
3. _____

● 걸으면서 들은 소리를 세 가지 써 보세요.

1. _____
2. _____
3. _____

● 걸으면서 맡은 냄새를 세 가지 써 보세요.

1. _____
2. _____
3. _____

산책을 마치고 나면 아래 질문에 대하여 깊게 생각하고 답해 보세요.

- 감사 인사를 하고 싶은 세 사람을 꼽아 보세요.

    1. _____

    2. _____

    3. _____

- 이 사람들은 여러분에게 어떤 도움을 주었나요?
  _____
  _____

- 여러분이 누군가에게 도움을 주거나 다른 사람을 지지한 적이 있다면 적어 보세요.
  _____
  _____

- 또 무엇이 감사한 마음을 갖게 하나요?
  _____
  _____

- 어떻게 다른 사람들과 감사함을 나눌 수 있을까요?
  _____
  _____

🍎 알아보기 나는 좋은 친구일까?

어떤 우정이든 오르락내리락해요. 10대 시절에는 더욱 그렇고요. 각자 우정을 가꿔 나가기 위하여 특별히 노력하는 부분이 있을 거예요.

여러분은 어떤 친구인가요? 아래 글을 읽고 '예'나 '아니요'로 답해 보세요.

1. 친구의 말에 귀를 기울이고 공감하려고 애쓴다.
　　○ 예　　　○ 아니요

2. 친구가 어려움에 처한다면 도와줄 것이다.
　　○ 예　　　○ 아니요

3. 친구에게 좋은 일이 있을 때 함께 기뻐한다.
　　○ 예　　　○ 아니요

4. 친구가 또 다른 새로운 친구를 사귀면 행복하다.
　　○ 예　　　○ 아니요

5. 친구를 열린 마음으로 정직하게 대한다. 사이가 좋지 않을 때도 그렇다.
　　○ 예　　　○ 아니요

대부분에 '예'라고 답했다면 여러분은 우정을 잘 가꾸려고 노력하는 좋은 친구예요. '예'라고 답하지 않았더라도 너무 스트레스 받지는 마세요. 바뀌어야 할 부분을 살피다 보면 우정을 잘 가꿀 수 있는 방법이 자연스럽게 떠오를 거예요.

감사 편지 쓰기

자신의 인생에서 **중요한** 사람들과 **좋은** 관계를 유지하면 지지를 받는 느낌이 들고 희망을 발견할 수 있어요. 요즘은 종이에 손으로 편지를 쓰는 일이 적지요. '손으로 직접 편지 써 보기'는 새로운 경험이 될 거예요. 무엇보다 손으로 편지를 쓰려면 자주 멈추고 쓰려는 내용에 대해서 생각해야 해요.

잠시 시간을 내어 여러분이 소중히 여기는 사람들에게 감사 편지를 써 보세요. 친한 친구나 친척도 좋아요. 감사의 마음을 전하고 싶은 사람이 누구인지 왜 그런지를 생각해 보세요.

- 편지를 쓰고 싶은 사람은: _____

- 이 사람에게 감사하는 이유

1. _____
2. _____
3. _____

- 이 사람과의 즐거웠던 일, 기억할 만한 사건

_____
_____
_____

- 이 사람과 하고 싶은 일

_____
_____
_____

🍎 우정에 대하여 생각하기

우정은 우리에게 큰 기쁨을 주지만, 우정이 깨지면 그만큼 상실감도 커요. 어떤 이유로든, 어떤 과정을 거치든 우정에 금이 가고 친구를 잃으면 정말 고통스러워요. 많이 슬프고 외롭고 화도 날 거예요. 하지만 한 사람과의 우정이 전부는 아니에요. 여러분은 앞으로도 많은 친구를 사귀게 될 거예요. 또한 한번 어긋났다고 영원히 관계가 끝난 게 아닐 수도 있어요. 나중에 다시 관계가 회복되는 경우도 있으니까요. 일단 지금은 벌어진 일을 받아들이고 힘든 감정들을 추슬러야 해요. 여러분도 우정이 깨진 경험이 있나요?

- 나는 최근에 이 친구와 멀어졌다: _____

- 친구 관계가 깨지기 전에 있었던 일

- 우정이 깨진 뒤에 느낀 것들

- 친구로서 나의 좋은 점 세 가지

    1. _____
    2. _____
    3. _____

- 내 친구들은 나를 믿는다. 왜냐하면:

● 나는 이 두 사람이 내가 힘들 때 도와줄 것이라고 믿는다. 왜냐하면:

1. _____

2. _____

우정 지도 그리기

아래는 여러분의 모든 친구 관계를 보여 주는 지도예요. 지도의 각 부분이 여러분 삶의 다양한 영역에서 맺은 친구 관계가 돼요. 학교 친구, 학원 친구, 취미 활동을 같이하는 친구, 소울 메이트에서부터 나중에는 직장에서 만난 친구도 지도에 들어갈 수 있어요. 빈칸에 친구들의 이름을 적어 보세요.

🍎 알아보기 나의 회복 탄력성은?

'회복 탄력성'이라는 말을 들어 보았나요? 회복 탄력성은 어려운 일을 잘 극복하는 능력을 말해요. 어려운 일에 잘 대처하고 문제를 해결하면 내면에서 힘이 솟아나요. 자신감이 생기지요.

주어진 문장을 읽고 여러분에게 어울리는 답에 표시하세요.

1. 숙제를 제출했는데 형편없는 점수를 받았다면 나는 아마도
   a. 화가 나고 아무도 만나고 싶지 않아 사람들을 피할 것이다.
   b. 다음 숙제를 할 때는 도와줄 사람을 찾아 도움을 요청할 것이다.

2. 해내기가 어려워 보이는 힘든 과제를 해야 할 때 나는 아마도
   a. 너무 과하고 이미 때를 놓쳤다는 생각에 겁먹고 회피할 것이다.
   b. 어떻게든 해낼 방법을 찾고 계획을 짤 것이다.

3. 귀가 시간을 어겼다고 부모님이 화를 냈을 때 나는 아마도
   a. 지켜야 할 규칙이 너무 많다는 생각에 부모님에게 소리를 지르며 되받아치고 쿵쿵거리며 방으로 가 버릴 것이다.
   b. 잘못했다고 말씀드리고 귀가 시간에 대하여 대화할 것이다.

4. 부모님이 나한테 물어보지도 않고 주말 계획을 완전히 바꾸었을 때 나는 아마도
   a. 기분이 바닥까지 가라앉는다. 나는 직전에 계획이 바뀌는 게 싫다.
   b. 사정이 있다면 어쩔 수 없다고 생각한다. 나는 유연한 편이다.

5. 위기 상황에 처한다면 나는 아마도
   a. 겁에 질려서 옴짝달싹도 못할 것이다.
   b. 잠시 숨을 고르고 문제를 해결하려고 할 것이다.

대부분에 b라고 답했다면 여러분에게는 어려움을 딛고 회복하는 능력이 있어요. 어려움이 생겨도 화나 실망감을 딛고 일어설 수 있을 거예요.

대부분에 a라고 답했다면 지금부터 회복 탄력성을 길러 보세요. 어려움 앞에서 침착함을 잃지 않는 법을 배우면 좀 더 행복하고 자신감 있는 모습이 될 거예요.

🍎 변화에 유연하게 대처하기

원치 않았던 변화가 생기면 누구든 부담스럽고 실망하게 돼요. 하지만 변화를 유연하게 받아들이고 잘 대처하여 적응하면 우리가 즐길 수 있는 순간들이 더 많아져요. 새로운 시각으로 상황을 볼 줄 알게 되어 다른 사람과의 관계도 돈독해지지요.

지금까지 만났던 가장 큰 변화가 무엇인가요? 그 변화에 대하여 여러분은 어떻게 느끼고, 어떻게 반응했나요?

- 가장 큰 변화

- 내가 바랐던 일

- 실제로 일어난 일

- 그때 느낀 것들

- 다른 시각에서 그 변화를 바라본다면 발견할 수 있는 긍정적인 점 세 가지

    1. _____
    2. _____
    3. _____

- 이 변화 때문에 낙담하고 좌절할 때 긍정적인 면을 일깨워 줄 세 가지

    1. _____
       _____
       _____
    2. _____
       _____
       _____
    3. _____
       _____
       _____

🍎 가끔은 안전한 장소에서 나오기

안전한 장소에 머물면 편해요. 내가 무엇을 잘하는지, 무엇이 나를 기분 좋게 하는지를 알면 당연히 거기에 계속 있으려고 할 거예요. 그런데 안전한 장소에만 있으면 새로운 것을 배우려고 하지 않고 자신이 얼마나 많은 것을 성취할 수 있는지 시험하려고 하지 않아요. 안전한 장소에서 걸어 나오면 나 자신이 어떤 사람인지 알 수 있는 기회가 생기고 새로운 능력이나 흥미를 발견할 수 있는 가능성도 커지지요.

　　아래의 작은 동그라미는 여러분의 안전한 장소예요. 그곳에 여러분이 좋아하는 취미나 익숙한 활동을 쓰세요. 작은 동그라미 밖, 큰 동그라미 안에는 관심이 있고 재미있어 보이지만 시도해 볼 엄두가 나지 않았던 취미나 활동을 적어 보세요. 그중 두 가지를 골라서 시도해 보면 어떨지 생각해 보세요. 실제로도 한번 시도해 보세요.

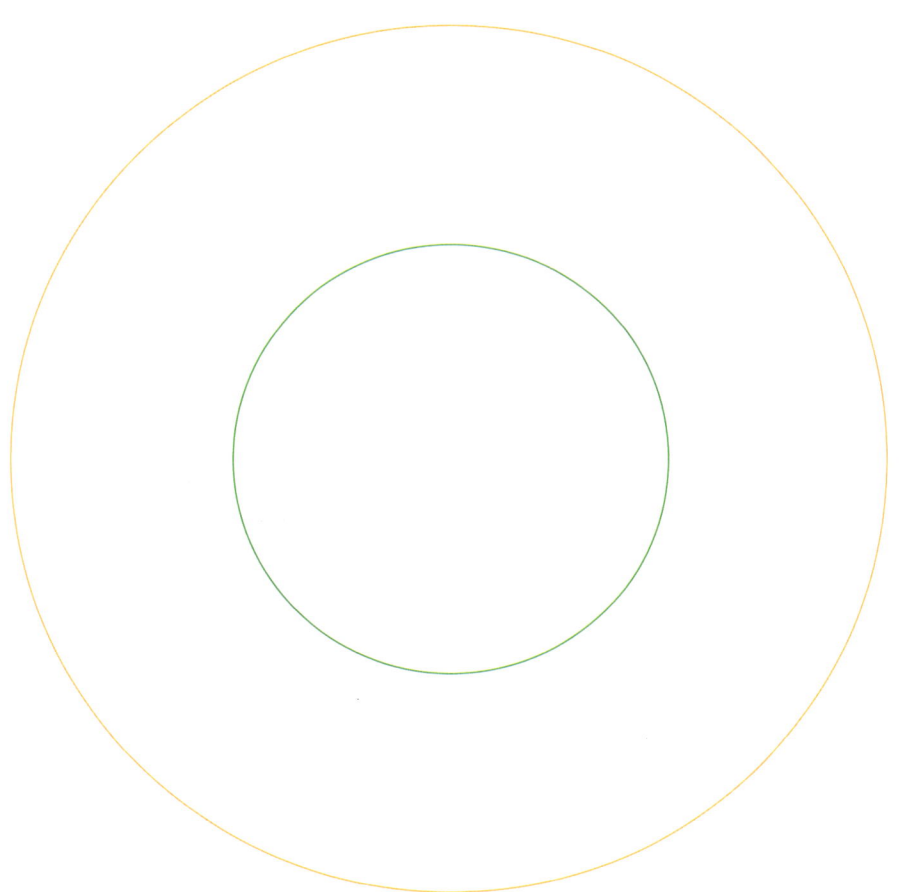

🍎 안전 그물망이 되어 줄 사람들

심각한 우울증을 겪고 있든, 그저 기분이 약간 저조하든 여러분은 혼자서 우울해하지 않아도 돼요. 혼자서 어려움을 극복할 수 있는 사람은 아무도 없어요. 우리는 누구나, 언제나 다른 사람의 도움이 필요해요.

다양한 장소를 떠올리며 도움을 청할 수 있는 사람들이 누구인지 생각해 보세요. 나중에 어디에 있든 도움을 청하기가 쉬울 거예요. 아래 그물망 그림을 보고 그 아래에 여러분이 우울하거나 어려운 시기에 처했을 때 도움을 청할 수 있는 믿을 만한 사람의 이름을 적어 보세요. 우울하거나 힘들 때는 집중하여 기억해 내는 일이 어려워져요. 이 사람들의 이름은 핸드폰에 입력하거나 종이에 적어서 가방에 넣고 다니면 여러분에게 관심을 기울이고 도움을 줄 수 있는 사람들이 있다는 사실을 잊지 않을 거예요.

- 학교:

- 집:

- 친구:

- 모임:

- 기타:

🍎 위급 상황에 대비하기

우울함이 심하고 기분이 많이 나빠지면 자살이나 자신을 해하려는 생각이 떠오를지도 몰라요. 이런 생각을 실행에 옮기면 안 되지만, 만에 하나라도 실제로 이런 사태가 벌어졌을 때를 대비하여 위급 상황 안내서를 만들어 보세요. 그리고 안내서를 침실에도 두고 가방에도 넣어 두고 핸드폰에도 저장해 두세요. 가장 친한 친구에게도 전달하세요.

홧김에 위험한 일을 하고 위급한 상태에 처하면 매우 두렵고 꼼짝도 할 수 없어요. 그래서 도움을 청하기가 어려울 수 있지요. 여러분의 생명은 아주 중요해요. 정말로 믿을 수 있는 사람이 누구인지 미리 떠올려 보세요. 매일매일 세상이 어둡게만 느껴지더라도 변함없이 여러분은 소중한 존재예요.

- 응급 전화: _____

- 부모님의 이름과 전화번호

_____

- 선생님이나 기타 믿을 만한 어른의 이름과 연락처

_____

- 상담이나 치료를 받고 있다면 상담사나 의사의 이름과 연락처

_____

- 가장 가까운 응급실

_____

3장

친구들의 고민, 함께 마음 건강 챙기기:

다른 사람들도 나와 비슷한 고민을 한다!

해결하기 힘든 문제가 생기고 속상하고 우울할 때는 마치 나만 이런 상황에 처한 것처럼 느껴져요. 억울한 마음도 들지요. 하지만 그렇지 않아요. 마음을 다독이고 한 발 나아가기 위해서는, 여러분이 혼자가 아니고 다른 사람들도 비슷한 상황에 처할 수 있다는 사실을 이해해야 해요. 우울함에서 벗어나기 위한 전략과 방법을 익히는 것만큼이나 중요하답니다.

여기에 여러분과 비슷한 고민을 하는 사람들이 던진 질문과 그에 대한 답변을 모아 두었어요. 다른 사람의 고민을 통해 나의 고민에 대한 실마리를 찾아보세요. 분명 도움이 되는 내용이 있을 거예요.

> 학교에서 좀 힘든 시간을 보내고 집에 돌아와서는
> 부모님과 크게 다투었다.
> 엄마 아빠에게 끔찍한 말들을 했다.
> 엄마 아빠를 증오한다는 말도 했다.
> 그러고 나니 기분이 정말 나쁘다. 어떻게 해야 하지?

여러분도 힘든 하루를 보내고 나서 부모님에게 화풀이를 해 본 적이 있을 거예요. 많은 사람이 다른 사람에게 화풀이를 해요. 원치 않는데도 그럴 때가 있어요. 원치 않는 말을 내뱉은 건, 감정을 통제하지 못했기 때문이에요. 우울함은 슬픔과 관계가 있지만, 한편으론 화나 짜증과도 관계가 깊어요. 우울함을 느낄 때 화나 짜증이 늘어나는 경우가 많지요.

우선은 마음을 가라앉히기 위해 앞에서 소개한 심호흡을 한번 해 보세요. 편안한 장소에 앉아서 넷을 세며 깊게 들이마시고, 넷을 세며 숨을 참고, 넷을 세며 숨을 내쉬세요. 심호흡을 하는 동안 평화로운 장면을 떠올리는 것도 도움이 돼요.

그러고 나서 첫 번째로 해야 할 일은 자기 자신을 용서하는 거예요. '아, 내가 잘못했구나. 난 정말 나빠.'라고 비판하기에 앞서 '화'라는 감정에 휩싸였던 자신을 가엾게 여기고 다독여 주세요.

이제 부모님과의 관계를 회복하기 위해 다음 활동을 해 보세요.

🍎 처음부터 다시 쓰고 고쳐 쓰기

마음이 안정되고 나면 왜 그렇게 화가 많이 나서 부모님과 말다툼을 벌였는지 상황을 되돌아보세요. 아마도 학교에서 있었던 어떤 일이 문제가 되었을 거예요. 마치 영화를 보듯 여러분의 하루를 죽 훑어보세요. 아침에 일어났을 때부터 순서대로 무슨 일이 있었고 어떤 느낌이었는지 계속 써 나가세요. 마침내 화를 불러일으킨 무언가를 발견하면 멈추고 생각해 보세요.

- 왜 이것이 나를 화나게 했을까?
- 이에 대한 나의 첫 반응은 무엇이었나?
- 그러고 나서 나는 어떻게 했나?

이제 그 이후의 나머지 하루에 대하여도 적어 보세요. 부모님과 다투기 직전에 무슨 일이 있었는지 떠올려 보세요.

그다음에는 고쳐 쓰기를 할 차례예요. 내뱉은 말과 행동을 없었던 것으로 바꿀 수는 없어요. 하지만 다음번에 비슷한 상황일 때 더 나은 결말에 이르도록 고쳐 써 볼 수 있는 있지요.

다음번에는 어떻게 다르게 행동할 수 있을까요?

Tip

인정하기: 망가진 관계를 회복하려면 먼저 진심 어린 사과를 해야 해요. 부모님과의 신뢰를 회복하려면 자신이 했던 말이나 행동을 인정하고 사과를 드리세요. 그리고 다음에는 다툼이 있더라도 이런 식으로 말하거나 행동하지 않겠다고 말씀드리세요. 왜 화가 났었는지를 설명하면 부모님께서도 이해해 주실 거예요.

**이번 시험에서 끔찍한 점수를 받았다.
시험 점수를 올리려면 보충 수업을 해야 하는데
도무지 기운이 나질 않고 힘이 없다.
어떻게 해야 할까?**

우울할 때는 집중하거나 기억하는 능력이 떨어지고 세부 사항을 놓치기 쉬워져요. 또한 우울함은 수면 장애를 일으켜 하루 종일 피곤한 상태로 만들고, 짓눌리는 듯한 기분이 들게 해요. 그렇게 기분이 나빠지고 기력이 없어지면 해야 할 일을 미루고 그래서 기분이 더 나빠지는 악순환이 이어져요.

    진짜로 무기력하거나 집중이 잘 안되어서 시험 점수가 확 떨어졌다면 부모님께 말씀드리세요. 성적을 올리기 위해서도 그렇고, 건강한 삶을 위해서도 꼭 도움을 받아야 해요. 그리고 앞서 나온 '나누어서 하기'를 다시 한번 시도해 보세요.

연습하기 : 한 번에 하나씩 하자

중요한 시험이나 어마어마한 양의 숙제는 누구에게나 부담이 돼요. 우울한 상태에서는 더욱 그렇지요. 도저히 감당할 수 없을 것처럼 느껴질 거예요. 이쯤에서 기억을 되살려 보세요. 여러분에게 도움이 될 '주문'이 있어요. 동기를 부여하기 위해 여러 번 반복해서 자신에게 들려주는 단어나 문장 말이에요. 바로 '한 번에 하나씩 하자.'예요. 감당하기 어려운 어떤 일을 쪼개서 감당할 수 있는 여러 조각으로 만드는 법을 익히면 그 일을 통제할 수 있어요.

'한 번에 하나씩' 하는 요령은 첫째, 계획을 단순하게 짜기, 둘째, 각각의 작은 과제를 마친 뒤에는 잠시 휴식 시간을 가지기, 셋째, 건강한 간식과 충분한 물을 섭취하기예요. 아래와 같이 해 보세요.

- 종이 한 장에 이번 주에 해야 할 과제의 내용을 적는다. 쪼개기 전에 먼저 전체를 살펴본다.
- 복잡하고 어려운 것을 골라서 여러 개로 쪼갠다. 수학 문제를 25개 풀어야 한다면, 10개-10개-5개 이런 식으로 쪼개고, 과학 실험 보고서를 써야 한다면 3~5부분으로 나눠 앞에서부터 시작한다. 한 부분을 마치면 잠시 쉬고 다음으로 넘어간다.
- 종이에 계획을 쓴 다음, 작은 과제 하나를 마칠 때마다 완료 표시를 하여 성취감을 느끼고 진행 상황을 확인한다.

> **Tip**
> **어려운 것부터 먼저 하기:** 쉬운 것부터 하면 그다음부터는 계속 오르막길이에요. 가장 어렵고 시간이 오래 걸리는 것부터 하면 마지막에는 쉽게 과제를 마칠 수 있지요. 그때쯤이면 과제가 감당하기 어렵다는 생각이 사라질 거예요.

> 아침에 제시간에 일어날 수가 없다.
> 매일 학교에 늦는다.
> 아침마다 엄마와의 다툼으로 하루를 시작한다.
> 어떻게 해야 하지?

우울함은 수면 문제를 일으켜요. 잠에 들기 어렵거나 밤중에 깨거나 너무 많이 자는 거예요. 충분히 잠을 자지 못하거나 너무 많이 자서 학업이나 일상생활에 지장을 줄 정도라면, 혹시 내가 우울하지는 않나 스트레스를 너무 많이 받고 있지는 않나 살펴봐야 해요.

일단은 좋은 수면 습관을 기르기 위해 노력해야겠지요. 그러기 위해서는 현실적인 수면 일정을 짜야 해요. 내가 지킬 수 있으면서 생활에 방해를 주지 않을 정도의 수면 시간을 정하세요. 그리고 정해진 때에 잠이 들고 깨도록 노력하세요. 혼자서 고민하기보다는 부모님과도 수면 습관에 대하여 상의해 보세요.

 수면 방해 요소를 없애자

수면 습관을 바꾸려면 시간이 걸려요. 우리 뇌는 하룻밤에 새로운 수면 일정에 적응할 수 없어요. 인내심을 가지세요.

아래 수면 방해 요소 중에 여러분에게 해당되는 것을 표시해 보세요.

핸드폰	스트레스	카페인	텔레비전
숙제	동영상	운동	게임

- 여러분이 표시한 것을 살펴보세요. 통제할 수 있는 것이 있나요? 어떤 것인가요?

- 수면 방해 요소의 영향을 줄이려면 어떤 일들을 차례대로 해야 할까요?

통제할 수 있는 요소들을 알아보았으니 이제 수면 목표를 세울 차례예요.

- 지금 잠드는 시각:

- 잠들고 싶은 시각:

- 잠자리에 들기 1시간 전에 할 수 있는 수면에 도움이 될 만한 활동을 적어 보세요.

1. _____
2. _____
3. _____
4. _____
5. _____

잠에 잘 들지 못하는 편이라면 아래를 시도해 보세요.

- 명상
- 거꾸로 숫자 세기
- 심호흡
- 독서
- 무카페인 따뜻한 차 마시기
- 일기 쓰기
- 지금 이 순간에 집중하는 마음챙김 활동

> **Tip**
>
> **조금씩 당기기:** 더 일찍 잠에 들고 싶다면, 3일 동안 매일 10분씩 일찍 잠자리에 들어 보세요. 여러분이 목표로 하는 시각에 이르기까지 조금씩 조금씩 시간을 당기는 거예요. 이렇게 조금씩 취침 시간을 바꾸면 뇌가 새로운 수면 패턴에 적응하는 데에 도움이 되어요.

**SNS 때문에 핸드폰을 손에서 놓을 수가 없다.
사진 속 친구들의 모습을 보고 있으면
내가 한없이 초라하게 느껴진다.
아예 계정을 삭제해야 할까?**

SNS는 교묘해요. 한편으론 사람들이 비슷한 관심사를 공유하며 서로 연결되도록 만들지만, 또 한편으론 사람들 사이에서 뒤처지거나 고립되는 느낌을 받게 만드니까요. SNS에 빠져들면 나만 뭔가 놓치고 있는 기분이 들고 무슨 일이든 해야 할 것만 같아서 맘 편히 휴식할 수 있는 시간이 부족해져요.

다른 사람들의 행동을 우리가 통제할 수는 없어요. 내 마음에 드는 사진만 올려 달라고 할 수는 없잖아요. 하지만 SNS를 우리가 어떻게 사용할지, 또 다른 사람들의 게시물을 보면서 어떻게 생각할지를 정할 수는 있지요.

🍎 연습하기 SNS 사용 시간을 조절하자

핸드폰 설정을 바꾸거나 앱을 활용하면 SNS 사용 시간을 제한할 수 있다는 사실을 알고 있나요? 이렇게 해 두면 다른 사람들의 사진이나 동영상을 보느라 시간을 허비하는 일이 줄어들 거예요.

먼저 여러분의 SNS 사용 시간을 확인해 보세요. 일정한 패턴이 있는지, 하루 중 언제 가장 많이 사용하는지 살펴보세요. 그런 다음에는 앞으로의 목표를 적어 보세요.

첫 번째 날 총 사용 시간	두 번째 날 총 사용 시간	세 번째 날 총 사용 시간

- 가장 많이 사용하는 시간대는 _____ 이다.

- 앞으로는 하루 사용 시간을 _____ 시간(분)으로 줄일 것이다.

- 사용 시간을 조절하기 위해 _____ 설정이나 _____ 앱을 사용할 것이다.

- SNS에서 기분을 나쁘게 만들거나 내게 피해를 주는 것을 발견하면 _____ 에게 도움을 요청할 것이다.

> **Tip**
> **인내심을 가지기:** 어떤 것이든 새로운 습관이 자리 잡는 데에는 시간이 필요해요. 중간에 뜻대로 안 될 때도 있을 거예요. 그래도 포기하지 마세요!

> 나 혼자만 우울한 사람인 것 같다.
> 친구들에게 우울하다고 말하면
> 친구들은 이런 감정을 이해하지 못하고
> 내가 너무 호들갑스럽거나 과민하다고 여길 것이다.

우울해지면 이해받지 못하는 것처럼 느껴지고 외톨이가 된 것 같은 기분이 들어요. 나만 이런가 싶고, 이 상황이 불공평하게 느껴질지도 몰라요. 여러분이 아는 모든 사람을 하나씩 붙잡고 내가 어떤 감정을 겪고 있는지를 설명할 수는 없지요. 하지만 용기를 내어 믿을 만한 친한 친구에게는 한번 털어놓아 보면 어떨까요? 미리 할 말을 적어 말하는 연습을 해 보세요.

연습하기 나의 이야기를 해 보자

나의 이야기를 적다 보면 우울한 감정이 어디에서부터 시작되었는지, 지금 내가 어떤 상태인지, 앞으로 어떻게 나아지게 될지를 알게 돼요. 그래서 그 자체로 마음 치유 효과가 있어요.

  시간을 따로 내서 이전에 우울했던 때를 떠올려 보세요. 그리고 '나의 우울함'에 대하여 적어 보세요. 따로 공간을 마련해 떠오르는 대로 길게 적어도 돼요. 언제 처음 우울함을 느꼈나요? 언제 도움이 필요하다고 느꼈나요? 지금 어떤 도움이 필요한가요?

_____
_____
_____
_____
_____
_____
_____
_____

이제 여러분의 이야기를 소리 내어 말해 볼 차례예요. 적은 내용을 거울 앞에서 말해 보세요. 좀 어색해도 이런 연습이 꺼내기 어려운 감정을 표현할 수 있도록 도와줄 거예요.

- 종종 우울할 때가 있어. 그럴 때는 다른 사람의 도움이 필요한 것 같아. 그런데 도움을 청하기가 어려워.
- 우울함은 이런 느낌이야.
- 나를 가장 힘들게 하는 증상은 이런 거야.
- 가끔은 우울함 때문에 내가 이런 모습이 돼.
- 이런 도움이 필요해.
- 이런 이야기를 하는 건, 네가 이런 도움을 줄 수 있을 것 같아서야.

> 지난주에 친구랑 술을 마셨다.
> 내가 겪고 있는 모든 일이 잠시나마 잊혀졌던 것 같다.
> 괴로운 생각도 하지 않았다.
> 이게 정말로 그렇게 나쁜 일일까?

간단하게 답할 수 있어요. 나쁜 일이에요. 일단 미성년의 음주는 법적으로도 금지되어 있어요. 그리고 앞서 말했듯이 알코올은 우리 뇌를 비롯한 중추 신경계의 활동을 줄이는 물질이에요. 10대가 섭취해도 좋을 만큼 안전한 양의 알코올이라는 건 없어요. 알코올은 우울한 기분을 악화시키고 신경계가 정상적으로 기능하게 하는 능력을 줄일 뿐 아니라, 중요한 성장기에 있는 여러분의 두뇌에 치명적인 손상을 입힐 수 있어요.

- 알코올은 뇌의 활동을 느리게 만든다.
- 알코올은 중추 신경계에 나쁜 영향을 끼친다. 발음이 어눌해지고, 동작이 불안정해지며, 지각 능력에 문제가 생긴다. 반응 속도도 느려진다.
- 알코올은 명료하게 사고하는 능력에 나쁜 영향을 미치고 충동 조절 능력을 떨어뜨려 건강하지 않은 위험한 습관에 빠져들게 한다. 또한 판단력을 떨어뜨린다.
- 알코올은 대부분 빠르게 몸에서 소비되는데, 이것이 원인이 되어 혈액에 산소가 부족해지는 호흡 수전이나 뇌사(코마)를 일으키고 심지어 사망하기도 한다.
- 알코올은 많은 양이 몸에서 소비될 때 진정제로 작용하여 졸음을 유발하기도 한다.
- 10대가 알코올을 섭취하는 경우 돌이킬 수 없는 치명적인 결과를 남길 수 있다. 10대의 뇌는 아직 성장 발달 중인데, 알코올로 인하여 신경 조직이 손상되면 집중력과 이해력에 나쁜 영향을 미친다.

> **Tip**
>
> **암호 사용하기:** 10대들이 시험 삼아 담배를 피우거나 술을 마시기도 한다는 건 아마 부모님들께서도 알고 계실 거예요. 담배, 술, 약물 그 어떤 것도 10대에게 안전하지 않아요. 모두 오래도록 흔적이 남는 부정적인 결과를 불러올 수 있어요. 사람들과의 관계 때문에 어쩔 수 없이 담배를 피우거나 술을 마셔야 하는 상황에 처할 수도 있는데, 그때는 암호나 이모티콘을 하나 정해서 도움이 필요할 때 사용해 보세요. 부모님이나 가까운 사람들이 이 암호를 보면 "저 좀 바로 데려가 주세요. 도와주세요."라는 뜻으로 이해할 수 있게끔 하는 거예요. 이렇게 암호를 정해 두면 어려운 상황에서 도움을 청할 곳이 있다는 사실도 깨닫게 돼요. 이 암호를 문자로 받으면 아무 질문도 받지 않고 도움을 받을 수 있어요. 이 책을 부모님과 함께 읽는다면 이 대목에서 먼저 담배나 술에 대하여 대화를 시작해 보세요.

> 우울증 때문에 상담을 받게 되었다.
> 그런데 상담 때마다 너무 힘들어서 가고 싶지 않다.
> 항상 상담 끝에는 눈물을 흘리게 되고
> 당황스러운 기분이 든다.

누구에게나 상담 치료는 아주 힘들어요. 많은 사람이 울거나 당황스러워해요. 상담을 받으면서 여러분이 느끼는 모든 것은 지극히 정상이에요. 상담하면서 그 어떤 이야기를 해도 흠이 되지 않아요. 어디에서도 듣기 힘들 것 같은 이야기라도 괜찮아요. 여러분 각자는 유일한 존재예요. 그리고 스트레스나 우울함에 가려진 내면의 힘을 품고 있어요. 상담 치료는 여러분이 어려운 시기를 잘 이길 수 있도록 그 힘을 사용할 수 있도록 도와줄 거예요. 힘들더라도 포기하지 마세요. 함께 힘을 합하면 어두운 곳에서 밝은 곳으로 나아갈 수 있어요. 그 과정은 굉장히 의미 있고 소중한 시간이 될 거예요.

연습하기 : 세 가지로 생각하자

다음 상담을 받기 전에 이번 주에 있었던 일들을 세 가지로 생각해 보세요. 소소하게 좋았던 일들은 특별히 되새기고 상담 시간에 공유해 보세요.

- 이번 주에 힘든 감정을 불러일으켰던 일 세 가지

    1. _____
    2. _____
    3. _____

- 이번 주에 놀랄 만큼 좋았던 일 세 가지

    1. _____
    2. _____
    3. _____

- 이번 주에 감당하기 힘들었던 일 세 가지

    1. _____
    2. _____
    3. _____

- 이번 주에 자신감 있게 처리할 수 있었던 일 세 가지

    1. _____
    2. _____
    3. _____

밤에 자려고 누우면 울고 싶은 기분이 든다.
왜 우는지, 어떻게 멈추어야 할지 모르겠다.
어떻게 해야 할까?

우울하면 눈물과 울음이 잦아져요. 딱히 눈물이 날 만한 사건이나 이유가 없을 때에도 그럴 수 있어요. 자기 자신이 감정에 휘둘리는 것 같고 울고 나면 너무나 지치겠지만, 그렇다고 울지 않으려고 마냥 억누르는 것도 좋지 않아요.

    10대는 학교에서 자주 '생존 모드'로 들어가요. 수업을 듣느라 선생님과 친구를 대하느라 예상치 않은 사건 등을 다루느라, 바쁘고 긴장된 상태로 지내지요. 그러는 동안 다양한 감정이 여러분을 거쳐 가요. 학교에서는 여러분의 감정이 어땠는지 잘 모를 수 있어요. 시간이 흐르고 나중에 집에 돌아와서야 무너져 내리지요. 그래서 학교가 아니라 집에서 문제가 생겼다고 생각할 수도 있어요.

    생존 모드를 벗어나면 여러분의 뇌가 이제 낮에 벌어졌던 사건과 감정을 처리해야 한다는 신호를 보내요. 낮 동안에 천천히 기분이 나빠지다가 마침내 뇌가 감정의 홍수로 흘러넘치기 시작하는 때가 밤이기 때문에 밤마다 울게 돼요. 이런 일을 막으려면 낮 동안에 자주 감정을 확인하고 살펴야 해요. 감정의 탱크가 하루의 끝자락이 되어서 흘러넘치지 않도록 막는 거예요.

연습하기 감정의 탱크를 자주 점검하자

감정이 얼마나 차올랐는지를 측정하는 측정기가 뇌에 달려 있다고 상상해 보세요. 자동차도 연료가 바닥을 보이기 전에 연료통을 채워요. 감정의 균형을 잡기 위해서는 바닥이 아니라 중간 어디쯤을 유지해야 해요. 감정이 너무 아래로 가라앉아 있으면 자기 자신을 돌보기가 어렵고, 너무 높이 치솟아 있으면 어느 순간에 무너져 내릴 것 같은 불안정한 기분이 들어요.

학교에서도 감정의 탱크를 확인하고 중간 지점을 찾을 수 있는 휴식 시간이 필요해요. 일정하게 감정 탱크를 점검해야 낮 동안에 감정을 꽉 누르는 일이 줄어들어 밤마다 강렬한 감정에 휩싸이는 일도 줄어들어요.

화장실을 다녀오거나 간식을 먹을 때, 점심시간이 끝날 즈음 등을 활용해 보세요. 그때 아래 내용을 참고하세요.

- 심호흡을 하여 마음을 가라앉힌다.
- 심호흡을 하면서 이런 질문을 스스로 던진다.
  '나는 지금 무엇을 볼 수 있을까? 무엇을 느낄 수 있을까? 무엇을 들을 수 있을까? 무엇을 맡을 수 있을까?'
- 귀마개를 하고 5분 동안 지금 나의 상태에 대하여 생각해 본다.
  '바로 지금 내가 느끼는 이 감정을 스스로 다룰 수 있을까? 그렇지 않다면 누구에게 도움을 청할 수 있을까?'
- 5분 동안 일기를 써 본다. 종이도 좋고 핸드폰이나 컴퓨터를 사용해도 좋다.

> 우리 부모님은 항상 다투신다.
> 가끔은 나를 두고 말다툼하시는 소리도 들린다.
> 다 내 잘못인 것처럼 느껴진다.
> 내가 무엇을 잘해야 다투시지 않을까?

부모님의 다툼에는 우리 생각보다 더 다양한 이유가 있어요. 두 분 사이의 문제를 여러분 탓으로 돌리지 않아도 돼요. 가끔은 자녀들을 돌보는 문제, 여러분의 학습이나 진로 등을 두고 다투시기도 할 거예요. 그래도 여러분 잘못은 아니에요. 사실 여러분이 10대가 되면 부모님도 스트레스를 많이 받아요. 부모가 된다는 건 참 어려운 일이에요. 하지만 힘든 만큼 부모님은 여러분을 자랑스러워하고 여러분 덕분에 즐거우실 거예요.

    부모님에게도 부모님만의 세계가 있고, 우리가 알 수 없는 여러 문제를 해결하기 위해 애쓰고 계실지도 모른다는 사실을 받아들이세요. 여러분이 부모님의 문제를 대신 해결할 수 없고, 문제가 생긴 게 여러분 잘못도 아니지요. 부모님이 문제를 잘 해결하고 두 분 사이의 갈등을 잘 풀 수 있기를 응원하는 수밖에 없어요.

🍎 좋았던 일을 떠올리고 적어 보기

이전에 잘못했던 일이나 앞으로 생길 문제를 생각하며 걱정하는 대신에, 내가 가족에게 기쁨을 가져다주었던 일들을 떠올려 보세요. 또한 여러분이 가족을 사랑한다는 사실을 표현할 수 있는 소소한 방법들에 대하여 생각해 보세요. 정말 중요한 일이에요.

1. _____
2. _____
3. _____
4. _____
5. _____

> **Tip**
>
> **다른 일로 관심을 돌리기:** 부모님이 다투시는 소리가 나면 무슨 내용인지 듣고 싶을 거예요. 하지만 어떤 내용인지 알아도 별로 도움이 되지 않아요. 오히려 기분이 더 나빠지거나 자신을 비난하게 될지도 모르지요. 이럴 때는 다른 일로 시선을 돌려야 해요. 친구랑 문자를 주고받거나 잠깐 산책을 하거나 취미 활동을 하는 건 어떨까요? 이어폰을 끼고 좋아하는 책이나 잡지를 보는 건 어때요?

> 더 이상 엄마를 믿을 수가 없다.
> 내가 엄마에게 얘기한 것들을 단톡방에서
> 다른 사람들에게 말했다. SNS에 올리기도 했다.
> 엄마는 그저 도움을 얻으려고 한 거라고 말한다.
> 하지만 난 그런 게 정말 싫고 외로운 기분이 든다.

누군가가 신뢰를 저버리면 정말 마음이 아파요. 다른 사람들이 나에 대하여 공개되지 않았으면 하는 부분까지 알게 되면 더 그럴 거예요. 나의 사적인 이야기를 엄마가 다른 사람과 나누지 않았으면 하고 바라는 건 당연해요. 하지만 이런 일이 생겼더라도 엄마와 영영 멀어지고 싶지는 않을 거예요. 다행스럽게도 조금 시간이 지나면 관계를 다시 회복할 수 있어요. 그런데 그러려면 마음이 차분해졌을 때 엄마와 솔직한 대화를 나누어야 해요. 서로 공격받는 것 같은 느낌이 들지 않게끔 '나'를 주어로 해서 나의 감정을 전하는 일에 초점을 맞춰 보세요.

"SNS에 내 얘기를 올리고 다른 엄마들이랑 공유하면, 나는 이런 기분이 들어요."
"다른 엄마들이 나를 이렇게 생각할까 봐 걱정이 돼요."
"내 얘기를 다른 사람들에게 하기 전에 나한테 물어보았으면 좋겠어요."

또한 엄마의 이야기에도 귀를 기울여야 해요. 어머니가 왜 그랬는지 해명할 기회를 드리세요. 여러분의 어머니도 힘들고 불안한 감정을 겪고 있을 수 있어요. 어머니 입장에서는 다른 친구들의 도움이 필요했을지 몰라요. SNS나 단톡방은 부모님들끼리 정보를 공유하는 수단이 되곤 하지요. 서로의 입장에 대하여 충분히 이야기를 나눠 보세요.

🍎 신뢰 유지 계약서

'계약'이라는 말이 엉뚱하게 들리나요? '서로의 약속'이라고 하면 어떨까요? 하지 말아야 할 일을 정해서 선을 긋고 그 내용을 글로 써 두는 거예요. 생각할 시간을 충분히 가지고 나서 마음이 차분해졌을 때 이야기를 꺼내 보세요.

- 이 사람들은 지금 내가 힘들어한다는 걸 알아도 괜찮습니다.

- 나는 나에 대한 이야기가 온라인 공간에 드러나는 게 싫습니다.
  나와의 문제에 대하여 다른 사람의 도움을 얻을 때 아래 방법을 사용하는 것은 괜찮습니다.

    - 문자 주고받기
    - 통화
    - 직접 나누는 대화
    - 기타: _____

- 나는 우리 사이에서 벌어진 일을 단체 채팅방에 공유하지 않겠다고 약속합니다.
  다른 가족에 대한 이야기도 그렇게 하겠다고 약속합니다.
  대신에 앞으로는 도움이나 조언이 필요할 때 이렇게 하겠다고 약속합니다.

    - 당사자와의 대화
    - 당사자와의 문자 주고받기
    - 당사자와의 교환 일기

> 성적이 바닥을 쳤다. 나는 놀고 싶었지만 그러지 않았고 내 친구들은 내가 항상 바쁘다고 생각한다.
> 나 자신이 바보 같다는 생각이 든다.
> 실패자가 된 것만 같다.

우울함은 가끔 우리를 속여요. 아무도 나를 좋아하지 않고, 잘하는 것도 없고, 늘 잘못된 선택만 내리는 것처럼 생각하게 만들어요. 실제와는 다른 이런 메시지가 머릿속에 퍼지는 것을 '인지 왜곡'이라고 해요. 현실을 있는 그대로가 아니라 왜곡하여 받아들여서 뭔가 잘못되었다고 여기는 거예요.

예를 들어 볼게요. 만약 여러분이 축구 시합에서 골키퍼를 맡았는데, 패널티 킥을 막아 내지 못했고 큰 경기에서 지게 되었어요. 우울할 때는 이렇게 생각할 수 있어요. "나는 최악이야. 내가 우리 팀 경기를 전부 망쳤어." 하지만 상대 팀은 경기 시간을 넘기며 시합한 끝에 패널티 킥을 얻었을 거예요. 이 말은 곧, 두 팀이 대등하게 경기했고 똑같이 열심히 했다는 뜻이에요. 시합에서 진 것은 골키퍼 한 사람의 잘못은 아니에요. 여러 원인 가운데 하나일 뿐이지요. 상황을 멀리서 넓게 보지 못하여 큰 그림을 확인하지 못한 탓에 이런 결론을 내리게 되는 인지 왜곡을 '흑백 논리'라고 해요.

부정적인 생각이 끊임없이 떠오르고 모든 것이 무너져 내리는 듯한 기분이 들 때는 여러분의 뇌가 잠시 잘못된 길로 들어선 탓에 인지 왜곡이 생겼다고 이해해 보세요.

🍎 다시 말하기 전략

여러분의 머릿속에 이미 자리를 잡은 부정적인 생각은 그냥 사라지지 않아요. '다시 말하기'는 부정적인 생각을 다른 방식으로 다시 표현하는 일이에요. 내 머릿속의 부정적인 생각을 잡아내고, 그것에 대하여 살펴보고, 현실적인 생각으로 바꿔서 표현해 보는 거예요. 아래 예시를 보고, 이 전략대로 시도해 보세요.

부정적인 생각	현실적인 생각
과학 시험을 망쳤다. 나는 이번 학기에 최악의 점수를 받을 거다.	이번 시험에서 잘하지 못했다. 다음 시험에서는 점수를 올리기 위해 더 열심히 할 수 있다.

다시 말하기 전략에서 정말 중요한 단계는 부정적인 생각이 주는 메시지에 귀를 기울이는 거예요. 그 생각들은 어디에서 왔을까요? 왜 그런 생각을 하게 되었을까요? 부정적인 생각을 하기까지의 과정과 원인을 이해하면 다음에는 왜곡하지 않고 현실적인 생각을 할 수 있지요.

> 부모님이 끊임없이 대학에 대하여 말씀하신다.
> 나는 스트레스가 쌓이고 점점 더 우울해진다.
> 내가 아직 인생의 목표를 명확하게 정하지
> 못했다 한들, 그게 뭐 어떻지?

좋은 소식이 있어요. 여러분 말이 맞아요. 고등학교 때는 앞으로 삶이 어떻게 펼쳐질지를 다 알 수 없어요. 그런데 그게 바로 대학을 가야 하는 이유 중 하나예요. 나쁜 소식인가요? 부모님 말씀도 부분적으로는 맞아요. 대학에서 공부하면서 여러분 인생에서 원하는 바를 진정으로 깨닫게 될 수 있어요. 또한 고등학교 생활에 집중하고 열심히 공부해야 더 많은 기회를 얻게 되는 것도 사실이에요.

사람들은 높은 성적을 받아야 갈 수 있는 일류 대학만이 전부인 것처럼 말하지만, 그보다 중요한 건 여러분하고 가장 잘 맞는 대학이나 학과를 찾는 일이에요. 그러기 위해서 지금 여러분이 공부를 하는 거예요. 더 넓은 시야로 세상을 바라보고 나와 잘 맞는 미래를 꿈꾸고 일궈 나가기 위해서 말이지요.

🍎 작은 목표를 세우기

매해 1월이 되면 모든 사람이 새해의 목표를 세우고 결심을 해요. 그런데 시간이 지나면서 결심은 불안감으로 바뀌어요. 목표를 이룰 수 없을 것 같아서 스트레스가 쌓이지요. 매해가 아니라 매월을 단위로 더 작은 목표를 여럿 세우면 어떨까요?

목표를 향해 꾸준히 갈 수 있는 비결은 목표를 더 작게, 작게 쪼개서 여러 기준점을 만드는 거예요. 기준점은 여러분이 목표에 이르기까지를 측정하는 자 위에 새겨진 눈금과 같아요. 아래 예시를 보고 여러분도 해 보세요! 시도해 보고 싶은 목표를 하나 이상 세워 보세요. 꼭 공부에 관한 것일 필요는 없어요. 여러분이 이루고 싶은 그 어떤 목표라도 좋아요.

한 달 목표: 다음 달에 치르는 영어 시험 점수를 10점 올리겠다.
(목표는 현실적이어야 해요. 목표를 세울 때 꼭 기억하세요.)

  기준점 1: 매일 밤 기억을 되살리기 위해 10분씩 단어를 복습하겠다.
  기준점 2: 날짜를 정해 스터디 모임을 갖겠다. (직접 혹은 온라인으로)
  기준점 3: 주말마다 복습하는 시간을 30분씩 따로 가지겠다.

한 달 목표: _____

  기준점 1: _____
  기준점 2: _____
  기준점 3: _____

한 달 뒤의 평가: 목표를 이루었나요?   ○ 예   ○ 아니요

• 이루었다면 무엇 덕분일까요? / 이루지 못했다면 무엇 때문일까요?
_____
_____

한 달 목표: _____

      기준점 1: _____
      기준점 2: _____
      기준점 3: _____

한 달 뒤의 평가: 목표를 이루었나요?　　○ 예　　○ 아니요

- 이루었다면 무엇 덕분일까요? / 이루지 못했다면 무엇 때문일까요?

_____
_____
_____

한 달 목표: _____

      기준점 1: _____
      기준점 2: _____
      기준점 3: _____

한 달 뒤의 평가: 목표를 이루었나요?　　○ 예　　○ 아니요

- 이루었다면 무엇 덕분일까요? / 이루지 못했다면 무엇 때문일까요?

_____
_____
_____

> 아무래도 내가 친구를 좋아하는 것 같다.
> 동성을 좋아한다고 하면 부모님이
> 소스라치게 놀랄 것이다.
> 잘못된 일인 것 같아서 죄책감이 들고 부끄럽다.

일단 이런 생각을 하면 분명 외로울 거예요. 불안하고 우울하고 극단적인 생각을 할지도 몰라요. 하지만 여러분이 진짜 동성을 좋아하는지에 대한 판단은 지금 할 필요도 없고 중요하지도 않아요. 어떤 일에 대해서건 혼자서 결론을 내리지 말아야 해요. 혼자 추측한 내용을 가지고 두려워하지 마세요. 여러분을 도와줄 누군가와 먼저 대화를 해야 해요. 특히 부모님과 대화를 나눠 보아야 해요. 부모님의 생각이나 신념을 여러분이 다 안다고 생각하겠지만, 그렇지 않아요. 어떤 경우에도 여러분은 혼자서 고민할 필요가 없어요.

다만, 죄책감이나 창피함을 느낀다면 당장 억지로 다른 사람에게 털어놓을 필요는 없어요. 대화를 시작하기 전에 내 마음이 준비가 될 때까지 기다려도 돼요.

🍎 나의 생명을 구해 줄 사람들

여러분에게는 어떤 고민이 있나요? 만약 여러분이 큰 고민을 안고 괴로운 나머지 극단적인 생각을 하기라도 하면 정말 큰일이에요. 그런 일은 꼭 막아야 해요. 누가, 또 무엇이 나를 구해 줄 수 있을지 생각해 보는 시간을 한번 가져 보세요. 내가 바다에 빠져 허우적댈 때 누가 나를 도와줄 수 있을까요?

○ 내가 믿고 의지할 수 있는 내 마음속 사람들

1.
2.
3.
4.
5.
6.

> 다른 사람들하고 비교하면서
> 내가 가치 없는 존재라는 생각을 하곤 한다.
> 내 친구들은 뭐든 다 잘한다. 학교에 내 모습을
> 드러내기가 싫다. 어떻게 해야 할까?

주변을 둘러보고 다른 사람을 살피는 건 사람의 자연스러운 본성이에요. 어른도 그렇게 해요. 나와 친구의 성취를 비교하고 더 노력하는 일 또한 성장의 일부분이지요. 하지만 비교가 너무 지나쳐서 학교와 집에서 압박감을 느끼고, SNS에서 과도하게 포장된 이미지를 그대로 받아들이면 다른 사람과 자신에 대하여 올바른 판단을 내리지 못하게 돼요.

　　우울함은 자신의 성취나 능력을 과소평가하게 만들어요. 모든 사람이 조금씩은 자신을 과대평가하거나 과소평가하지요. 하지만 우울함을 느끼게 되면 긍정적인 면을 보지 못하고 부정적인 면에만 초점을 맞추게 돼요. 다른 사람과의 올바르지 못한, 과도한 비교는 마음 건강을 해쳐요.

좋은 면과 나쁜 면

지금까지 여러분이 이룬 일에 대하여 생각해 보세요. 아마 지금까지 꽤 잘한 일들이 있을 거예요. 부정적인 면을 찾느라 바빠서 긍정적인 면을 발견하지 못했을 뿐이에요.

우울함은 나쁜 면만을 찾도록 만들어요. 나한테서 좀 더 나아졌으면 하는 부분을 찾으면 그게 나쁜 면이 되겠지요. 거꾸로 좋은 면을 찾는 일이 우울함을 없앨 수 있어요. 여러분이 언젠가 상을 받으러 무대에 나간다고 상상해 보세요. 그동안 여러분이 잘해 온 일들이 떠오른다면 그게 바로 좋은 면이 될 거예요.

여러분이 지금까지 보낸 시간, 여러분이 가진 것, 이룬 것들을 떠올리며 나쁜 면과 좋은 면을 생각하는 시간을 가져 보세요.

- 나쁜 면
- 좋은 면

> **Tip**
>
> **그럴 수도 있다고 여기기:** 누구나 가끔은 자존감이 바닥을 치는 순간을 맞이해요. 자존감을 높이려면 지금 자존감이 낮은 상태라는 것부터 알아차려야 해요. 그런 다음에는 왜 이렇게 되었는지 고민하고 여러분이 가진 힘에 집중하세요. 자기 자신에 대한 생각은 변할 수 있어요. 또한 누구에게나 어려운 일을 극복할 수 있는 힘이 있어요.

**잠을 제대로 잘 못 자서 피곤하다.
감기약을 먹으면 잠을 잘 수 있다고 들었다.
그게 사실일까?**

불면증은 잠에 들기 어렵거나 자주 깨는 증상을 말해요. 불면증은 우울증의 주된 증상 가운데 하나예요. 그냥 잠이 빨리 안 드는 게 아니라, 계속 깨어 있게 하고 한번 깬 뒤에는 다시 잠에 들기 어렵게 만들어요. 그래서 우울할 때 많은 사람들이 불면증 때문에 지치거나 의욕이 없는 상태가 되지요.

　하지만 수면에 문제가 있다고 절대 혼자만의 판단으로 어떤 종류의 약이든 복용해서는 안 돼요. 쉽게 잠이 들 수 있다고 해서 감기약을 먹어서도 안 돼요. 친구가 약에 대한 명확한 정보를 알지 못한 채 그 약을 복용하여 효과를 보았던 자신의 경험을 들려주더라도 그게 안전하다는 뜻은 아니에요. 또 여러분에게 같은 효과가 있을 거라는 보장도 없어요. 불면증은 분명 여러분의 학습이나 일상생활을 방해해요. 부모님과 상의하여 필요하다면 전문적인 치료를 받아 보세요.

🍎 기본으로 돌아가기

불면증이 계속되어 지친 상태에서는 의욕을 가지기도, 운동을 하기도 어려워요. 하지만 이런 경우에 더더욱 운동을 해야 해요. 우울할 때는 기본적인 생활을 잘 돌봐야 한다는 사실을 다시 떠올리세요. 균형 잡힌 식단을 유지하고, 꾸준히 매일 운동하고, 충분히 물을 마셔야 우울함도 덜해지고 건강한 수면 습관을 형성할 수 있어요.

운동을 해야겠다며 지치도록 뛰어야 할 필요는 없어요. 그 대신에 여러분이 피곤할 때 운동을 하기가 얼마나 어려운지를 고려하여 너무 많은 에너지가 들지 않는 운동의 목록을 적어 보세요. 그러고 나서 작은 걸음부터 내딛어 보는 거예요. 하루에 20분씩 운동하기를 목표로 삼아 보는 건 어떨까요? 그다음에는 5분을 더해 25분씩 운동하기를 목표로 하고요. 걷기를 먼저 하고, 그다음에는 빨리 걷기를 해 보고, 나중에는 뛰기를 해 볼 수도 있지요. 아래는 시도해 볼 수 있는 운동의 예시예요.

- 가장 편안한 공간에서 운동 동영상을 보며 따라 하기
- 자전거 타기
- 반려견이나 가족과 산책하기
- 수영하기
- 빨리 걷기
- 자신에게 맞는 속도로 기구 운동하기
- 여럿이 함께하는 운동 수업에 참여하기

가족이나 친구와 운동 계획을 함께 짜 보세요. 또한 건강한 식단을 짤 수 있도록 가족의 도움을 받으세요. 함께할 파트너가 있으면 건강한 선택을 하기가 쉬워져요.

> 내가 느끼는 우울함에 대하여 SNS에 올렸더니 친구가 전화를 해서 나더러 너무 과장하는 것 같다며 연기하는 게 아니냐고 말했다. 나는 기분이 더 나빠졌다. 그 친구의 번호를 차단해야 할까?

사람들은 다른 사람의 감정에 대하여 별생각 없이 말을 던지기도 해요. 과장한다거나 연기하는 것 같다는 말을 던지면 진짜로 힘든 시기를 보내는 사람에게 상처가 돼요. 믿을 수 있는 사람과 지금 겪고 있는 힘든 감정에 대하여 대화하는 건 도움이 되지만, SNS에 감정을 털어놓을 때는 믿을 만한 사람이 아니라 불특정 다수를 대상으로 하게 돼요. 그 속에는 여러분이 실제로 잘 모르는 사람도 많은 거예요. 그들은 여러분의 감정을 적은 글을 보고 놀리는 것처럼 농담도 던지고 진심이 담기지 않은 시선으로 바라봐요. 모두가 우리 마음을 아프게 하는 행동들이지요.

    그렇다고 SNS가 무조건 나쁘다는 건 아니지만, 적어도 SNS에 글을 올리기 전에는 내가 이 글을 통하여 무엇을 얻고 싶은지, 결과적으로 내가 어떤 기분이 들지를 생각해 보아야 해요.

🍎 세세하게 검사하기

여러분의 글을 다른 사람과 공유할 때는 항상 세세하게 검사해야 해요. 지금은 여러분 속에 있는 감정을 SNS에 글을 올리는 게 좋은 생각 같겠지만, 나중에는 그렇지 않았다고 느낄 수 있어요. 어딘가에 글을 올리기 전에는 항상 다음과 같은 질문을 자기 자신에게 해 보세요.

- 이 글을 통하여 내가 얻고자 하는 게 무엇일까?
- 나는 어떤 도움을 바라는 걸까?
- 내가 바라는 도움을 얻지 못하면 어떤 기분이 들까?
- 이 글 때문에 누군가가 상처를 받거나 걱정을 하게 될 수도 있을까?

> **Tip**
>
> **목록을 다듬기:** 여러분이 글을 올리는 공간이 여러 사람이 공유하는 곳이며 이곳에 남긴 흔적이 영원히 지워지지 않을 수도 있다는 점을 기억하세요. 여러분 개인 계정에 담긴 글조차 온라인상에서 누군가에 의해 다른 곳으로 옮겨질 수 있어요. 팔로워가 많아지면 기분이 좋을 수는 있지만 안전을 위해서는 현실에서 여러분을 실제로 아는 사람들만 여러분을 팔로워할 수 있도록 하는 편이 현명해요. 사생활은 가능하면 친구하고만 공유하세요.

내 친구가 나와 나눈 이야기를 몰래 다른 친구에게 말하고 다니는 걸 알았다. 하지만 난 친구와 싸우고 싶지 않다. 싸움을 피하고 우정을 유지하기 위해서 아무 일 없는 척해도 될까요?

여러분의 친구가 정말 좋은 친구라면, 그냥 넘기기보다는 대화를 해 봐야 해요. 여러분이 우울하다는 사실을 친구한테 말했을 때 친구는 그 감정에 대하여 잘 이해하지 못했을 수도 있어요. 또는 그게 얼마나 심각한지 몰랐을 수도 있지요. 아니면 다른 사람에게 도움말을 들으려고 했을 수도 있어요. 어쨌든 회피한다고 해서 문제가 사라지지는 않아요.

싸우지 않고도 친구와 어려운 대화를 나눌 수 있어요. 친구를 탓하거나 비난하지 않고 대화하는 방법을 배우면 돼요. 친구에게 전하고 싶은 말을 먼저 정리해 보세요.

🍎 소리 내어 말하기

친구랑 불편한 대화를 해야 할 때, 정작 무슨 말을 해야 할지 잘 모를 수도 있지요. 아무 준비도 하지 않고 연설이나 토론을 한다면 부담스럽겠지만, 미리 준비를 하면 좀 나을 거예요. 친구와의 대화도 마찬가지예요. 부모님께 도와 달라고 해서 역할 바꾸기를 연습해 보세요. 이때 여러 단어나 문장을 사용하면서 어떤 것이 가장 적합하고 효과적인지를 알아보세요.

- 며칠 전에 우울한 감정을 털어놓았을 때 네가 이 이야기를 다른 사람에게 하지 않을 거라고 생각했어. 난 아무 말도 한 적이 없는데 다른 사람들이 나한테 '너 우울하냐?'고 물어보기 시작해서 화가 나고 슬퍼.
- 나한테 물어보고 싶은 게 있거나 이런 이야기를 듣는 게 너한테 부담이 된다면 말해 줘.
- 너는 나한테 중요한 친구야. 나는 너를 믿어. 그래서 너한테 내 감정을 이야기하는 거야. 내가 말한 걸 나한테 물어보지 않고 다른 친구들한테 말하지 말아 줘.

배가 전혀 고프지 않다. 먹고 싶지 않은데 어떻게 건강한 식습관을 가질 수 있을까?

우울하면 식단에도 변화가 생겨요. 식욕이 없을 때는 보통의 식단을 유지하기가 어려워져요. 의욕이 없거나 우울할 때는 별로 마음에 드는 게 없고 먹는 양도 줄어들지요.

더 이상 먹고 싶지 않은 생각이 들더라도 우리 몸, 특히 뇌에 연료를 공급하는 일은 매우 중요해요. 특히 우울할 때는 더욱 그렇고요. 균형이 잘 잡힌 영양가 있는 식사와 간식은 기분을 좋게 하고 몸에 에너지를 공급해요. 에너지가 생겨야 규칙적인 운동을 할 수 있고, 적당한 수면 시간도 유지할 수 있어요. 우리 몸과 마음은 별개가 아니에요. 우리 안의 모든 것이 서로 연결되어 굴러가요.

🍎 의식적으로 먹기

우리는 가끔 자기 자신을 돌보는 일을 잊어요. 그래서 일부러 상기시켜야 해요. 자기 자신을 돌보는 일 가운데서도 식사는 정말 중요해요. 좋은 식생활은 자기 자신을 돌보는 첫걸음이에요.

여러분에게 필요한 연료를 제공할 음식을 잘 섭취하고 있는지 점검할 수 있도록 알람을 맞춰 놓아 보세요. 핸드폰의 알람을 맞추고 건강한 음식을 먹을 수 있도록 목록을 적어 잘 보이는 곳에 두어요. 그리고 건강한 식습관을 잘 지키고 있는지 확인하는 일을 도와 달라고 부모님께 말씀드리세요. 활기차게 생활하려면 균형 잡힌 식단이 꼭 필요해요.

알람이 울릴 때 메모가 함께 보이도록 설정해 보세요. 예를 들어 '과일 먹기'라고 적어 두면 가방에서 아무거나 집히는 대로 꺼내서 먹는 게 아니라 가능하면 건강한 음식을 먹어야 한다는 사실이 떠오를 거예요.

또 음식을 먹을 때 무의식적으로 빨리 먹는 게 아니라 주의를 기울여 천천히 맛을 보고 어떤 느낌이 드는지, 먹고 난 뒤에 어떤 느낌이 드는지 살펴보세요. 기분을 좋게 만드는 음식을 먹었을 때 정말 그러한 효과가 있었는지, 스트레스를 받거나 슬프거나 불안하거나 우울할 때 특별히 찾는 음식이 있는지 알아보세요. 먹고 나서 불편함을 느낀 음식은 기록했다가 가끔씩만 먹고, 기운이 나거나 기분이 좋아지는 음식도 따로 기록했다가 자주 먹도록 하세요.

이제 좋은 식습관을 형성하기 위한 나만의 건강한 식단을 스스로 짜 보세요. 다음 목록을 다 적고 나면 부모님께 보여 드리고 보완할 점을 상의해 보세요.

- 기분을 엉망으로 만드는 음식들

- 에너지를 주는 음식들

- 기분을 좋게 만드는 음식들

- 좋아하는 아침 식사

- 간식

- 힘을 북돋워 주는 점심 식사

- 편안함을 주는 저녁 식사

> 나는 왜 항상 포기하는 걸까?
> 왜 나한테만 모든 일이 어려울까?

회복 탄력성은 장애를 극복하고 어려움과 문제를 해결하는 능력이에요. 원래부터 높은 회복 탄력성을 가진 사람도 있지만, 그렇지 않더라도 노력하면 기를 수 있어요. 우울할 때 여러분의 뇌는 여러분에게 많은 부정적인 메시지를 보내요. 우울하면 모든 것이 불가능한 일처럼 느껴지고 포기하고 싶어져요. 이런 생각들을 이겨 내는 법을 배우면 어려움 앞에서 잠시 쓰러져도 다시 일어날 수 있어요. 자신의 회복 탄력성이 낮다고 생각하나요? 그 생각부터 바로잡아 보세요.

🍎 생각의 프레임을 다시 짜기

생각의 프레임을 다시 짜는 일, 즉 리프레이밍은 불안함을 이겨 내기 위해, 집중하기 위해, 부정적인 생각을 밀어내기 위해, 또 잘못을 딛고 일어서기 위해 필요해요. 누구나 한번쯤은 장애물을 만나고 실패를 경험해요. 우울한 사람이든 아니든 그렇지요. 너무 어렵고 힘들게 느껴지는 일을 만나면 가끔은 포기하고 싶기도 해요. "너는 이걸 할 수 없어." 여러분 머릿속에 자주 포기하는 사람이 있어 이런 목소리를 낸다고 상상해 보세요. 뭔가를 하려고 할 때마다 포기해야 한다고 계속 말할 거예요. 여러분 내면에는 회복 탄력성이 있지만, 우울하고 기분이 저조할 때는 이보다는 자주 포기하는 사람의 힘이 더 커져요. 생각을 리프레이밍하여 자주 포기하는 사람의 소리가 작아지도록 만들어야 해요.

1. **목소리를 작게 만들기:** 마음이 많이 지쳐 있을 때는 부정적인 생각이 그냥 사라지지 않아요. 부정적인 생각의 소리를 줄이려면 흐름을 깨고 분위기를 전환해야 해요. 긴장 상태에서 벗어나 몸을 일으켜 세우고 움직여요. 산책을 하거나 제자리뛰기를 하거나 스트레칭을 해도 좋고, 심호흡이나 명상도 효과가 있어요. 머릿속이 혼란스럽고 마음이 불안정했을 때 이렇게 해서 흐름을 깨고 나면 좀 진정이 돼요. 그러면 이제 생각을 명료하게 할 수 있어요. 그러고 나서 다음 단계로 넘어가요.

2. **리프레이밍하기:** 자신이 어떤 부정적인 생각을 하고 있는지 집중해서 알아내야 해요. '난 포기하고 싶어.'라는 생각을 하고 있다면 따져 보세요. 방해물이 무엇일까요? 단지 숙제가 너무 많다고 느끼는 건 아닐까요? 아니면 시작하는 방법을 알 수 없나요? 머릿속에 이렇게 다른 생각을 넣어 보세요. '그래, 이건 하기 힘들어. 그리고 어떻게 시작해야 할지 모르겠어. 하지만 이전에도 이렇게 느꼈지만 해낸 적이 있어. 그러니 이번에도 해낼 수 있어. 혼자 해내기 어렵다면 도움을 받아 보자.'

- 나를 끌어내리는 부정적인 생각

- 나의 부정적인 생각을 이렇게 줄이겠다

- 이렇게 리프레이밍하겠다

부모님의 모든 행동이 나를 성가시게 한다. 어떻게 해야 나를 내버려 둘까?

우울하면 좌절감을 참아 내는 능력이 줄어들고 짜증이 늘어요. 부모님이 매 순간 여러분을 성가시게 하는 것처럼 느껴지는 것도 그래서일지 몰라요. 믿든 믿지 않든 부모님은 여러분을 성가시게 하려는 의도를 가지고 있지 않아요. 그분들은 여러분을 돌보고 신경 쓰며, 여러분이 우울할 때마다 도울 수 없어 괴로워하실 거예요. 여러분이 우울해하면 부모님은 더욱 자주 여러분의 상태를 확인하고 눈을 떼지 않으려고 하시지요. 당연한 일이에요.

늘 짜증이 난 상태에서는 부모님의 말이나 행동에 과민하게 반응하게 돼요. 사소한 오해 때문에 화가 나지 않도록 해야 해요. 부모님이 학교에 대하여 물어보셨다면 여러분을 괴롭히려는 의도는 없어요 단지 늘 하던 대로 여러분에 대하여 걱정하고 학교에서 기분이 괜찮은지를 알고 싶었을 뿐이에요. 그래도 짜증이 난다면 부모님과 싸우거나 자신을 편안하게 그냥 두거나 둘 중 하나예요. 화를 내거나 싸우고 싶지 않다면 시각적 심상을 이용해 보세요.

🍎 시각적 심상 이용하기

시각적 심상의 효과는 강력해요. 시각적 심상을 이용하면 작은 스트레스 요인이 거대한 감정으로 커지는 일을 막을 수 있어요. 스트레스가 쌓이고 괴로울 때 마치 눈에 보이는 것처럼 마음속에 그림을 그려 보세요. 눈을 감고 풍선이 하늘 높이 자유롭게 날아가는 장면을 떠올려 보세요. 편안하고 평화롭게 느껴질 거예요. 처음에는 마치 손에 닿을 것처럼 풍선이 천천히 움직여요. 곧 빠르게 날아올라 높이 높이 보이지 않을 때까지 날아가요. 여러분 마음속에서 날아가는 풍선을 떠올리며 심호흡을 해 보세요.

최근 성가신 일이 있었나요? 부모님께서 자주 질문을 하시나요? 너무 바쁘고 여유 시간이 없나요? 그로 인한 스트레스가 나중에 화나 짜증으로 커지지 않도록 막기 위해 잠시 시간을 내서 자리에 앉아 보세요. 뒤로 기대서 심호흡을 하고 여러분의 스트레스를 태운 풍선이 잇따라서 날아가는 장면을 상상하세요.

낮에 학교에서 스트레스를 받았다고요? 그때도 이렇게 해 보세요. 쉬는 시간에 잠깐이면 돼요.

**어떤 일에도 의욕이나 동기가 생기지 않는다.
딱히 피곤한 건 아닌데, 아무 노력도 하고 싶지 않다.**

우울하면 의욕이 쉽게 사라져요. 일상의 그 어떤 일에도 아무 흥미가 생기질 않아요. 꼭 필요한 일조차 피한다면 학교에서 뒤처지고, 여러분을 즐겁게 했던 일마저도 놓치게 돼요. 우울함은 여러분 자신을 노력을 기울일 가치가 없는 존재로 느끼게 해요. 또 계획을 세워도 그대로 할 수 없을 것처럼 느끼게 해요. 이런 생각에 사로잡히면 학교에 가거나 친구들하고 어울리는 등의 당연한 일도 점점 더 어렵게 느껴져요. 만약 여러분이 이렇다면 도움을 청해야 해요.

🍎 한 발 앞으로 나서기

여러분의 하루를 아주 사소한 여러 일로 쪼개세요. 작은 일 하나를 마치고 다른 작은 일로 넘어가면서 한 발짝 더 나아갈 수 있어요. 나쁜 습관도 바로잡을 수 있지요. '대충 일어나서 학교 가기'로 아침 시간을 얼버무리지 말고, 단순하고 사소한 일들로 쪼개 보세요. 이런 식으로요.

- 잠에서 깨기
- 가방 챙기거나 확인하기
- 양치질하기
- 옷 입기
- 아침 먹기
- 씻기
- 간식 챙기기

목록에 있는 일을 다 마치고 집을 나서면 해야 할 일을 다 마쳤다는 생각에 좀 더 자신감 있게 하루를 시작할 수 있어요.

> **부모님은 내가 바쁘게 지내는 게 나를 위해서라고 생각하는 것 같다. 하지만 나는 늘 지쳐 있다. 그리고 모든 일이 지겹다. 너무 부담을 주지 말아 달라고 어떻게 표현해야 할까?**

많은 학생이 비슷한 고민을 해요. 부모님 입장에서는 여러분이 바쁘게 지내면 덜 우울하고 의욕도 생길 거라고 생각하실 수 있어요. 하지만 바쁘게 지내면서 주의를 딴 데로 돌린다고 우울함이 사라지지는 않지요. 그렇게 잠시 우울함을 한쪽으로 밀어 놓더라도 나중에 다시 우울해질 수 있어요. 그렇다고 매일 집에서 가만히만 있는 것도 좋은 선택은 아니에요. 사람들과의 만남이 줄어들면 더욱 고립되고 외로워질 수 있으니까요. 여러분에게 맞는 중간 지점을 찾아야 해요.

🍎 일정표 짜기

부모님과 함께 앉아 여러분의 일정표를 살펴보세요. 화이트보드를 활용하면 일정을 마쳤거나 취소해야 할 때 쉽게 추가하고 지울 수 있어요. 개인 디지털 도구를 활용하면 편리하긴 하지만, 하루하루의 일정을 함께 공유할 수 있는 수단이라야 일정을 파악하고 조절하는 데에 도움이 될 거예요.

1. 여러분이 참여해야 하는 활동, 숙제, 시험, 가족 모임, 기타 다른 일정으로 한 달 달력을 채워 보세요.

2. 일정을 자세히 살펴보세요. 휴식 시간은 충분한가요? 매일 오후에 너무 바쁘지는 않나요? 사람들과 어울리는 시간은 얼마나 되나요?

3. 일정 가운데 여러분이 꼭 하고 싶은 일, 좋아하는 일, 싫어하는 일을 말해 보세요. 싫어하는 일을 일정에서 지울 수 있는지 상의해 보세요. 좋아하지 않고 시간만 버리는 활동은 여러분에게 맞지 않는 거예요. 꼭 하고 싶거나 좋아하는 활동에 대해서도 이야기해 보세요. 다음 달에도 계속하고 싶은 활동이 있나요? 어떤 점이 여러분을 즐겁고 편안하게 만드나요? 좋아하는 일은 계속해 나가세요.

4. 다음 달에 새로운 일정표를 짤 때 앞에서 살펴본 내용을 반영하고 나서 지난 달에 어떤 변화가 있었는지 살펴보세요.

**내 뇌에 정말 문제가 생긴 건 아닌지 걱정이 된다.
영화를 볼 때조차 집중이 잘 안된다.
그리고 기억을 잘 못한다.**

우울함은 슬픔이나 무기력 말고도 여러 문제를 가져와요. 집중하거나 기억하는 데에 문제가 생기는 일도 자주 생겨요. 하지만 우울하다고 모든 사람이 그렇지는 않아요. 세상에 똑같은 사람은 없듯이 우리가 겪는 우울함의 증상이나 정도도 각기 다르지요.

    내 몸에 이상이 생겨서 집중력이나 기억력이 떨어진다고 생각하면 무서운 기분이 들 거예요. 그런데 딱히 이상이 없더라도 잠을 잘 못 자거나 식단이 잘못되어도 이런 증상이 심해질 수 있어요. 여러 번 강조하지만, 기본이 중요해요. 운동, 식단, 수면 계획을 잘 짜야 해요. 하지만 잠을 잘 자고 운동을 꾸준히 하고 균형 잡힌 식단을 유지해도 기분이 나아지지 않거나 집중력이나 기억력에 문제가 생긴 것처럼 느껴진다면 부모님께 말씀드려서 전문적인 상담을 받아 보는 것도 좋을 것 같아요. 이러한 증상을 일으키는 다른 원인이 있는지 살펴보고 증상을 낫게 할 수 있는 방법을 알아봐야 하니까요.

나만의 주문 만들기

앞에서 이야기한 긍정적인 주문을 다시 떠올려 보세요. 긍정적인 주문을 자기 자신에게 자주 들려주면 '이 시기를 잘 극복할 수 있으며, 도와줄 수 있는 사람들이 곁에 있다'는 사실을 잊지 않고 기억해 낼 수 있어요. 주문을 자주 되새기는 것만큼 주문을 직접 만드는 일도 복잡한 감정을 이겨 내는 데에 도움이 돼요. '우울할 때도 있지만, 괜찮아. 내일은 나아질 거야.' 이런 식으로 여러분 자신의 언어로, 스스로 떠올린 '나만의 주문'을 만들어 보세요. 주문에 담긴 좋은 생각과 에너지가 여러분에게 힘이 되어 줄 거예요.

오래도록 간직할 나만의 주문을 적고, 원할 때마다 되뇌어 보세요.

○ **나만의 주문**

1. _____
2. _____
3. _____

건강하고 행복한 삶을 위하여

이 책의 마지막까지 온 여러분, 잘하고 있어요. 다 읽고 활동까지 끝냈나요? 그렇지 않고 몇 개의 연습만 조금 시도해 봤더라도 자기 자신을 자랑스러워하고 뿌듯해하세요. 스스로 우울함에서 벗어나기 위한 노력을 시작했으니까요. 무사히 첫발을 내딛었어요!

가볍게 우울함을 느끼는 정도일지라도 그런 상태에서 벗어나려면 노력을 해야 해요. 물론, 임상적인 우울증 치료는 더 오랜 시간과 많은 노력이 필요하고요. 앞으로도 어떤 날엔가는 아무것도 되는 게 없고, 좋은 방법을 알아도 시도조차 하고 싶지 않고, 다 그만두고 싶어질 거예요. 그런 날에는 누군가의 도움을 받아야 해요. 다른 사람의 손을 잡고 다시 노력할 수 있다는 사실을 깨달아야 하지요.

이 책을 읽고 나서 기억해야 할 가장 중요한 점은 우리 몸과 마음이 연결되어 있다는 거예요. 우리의 뇌는 몸을 통해 중요한 신호들을 보내요. 만약 두통이 다시 시작되었다면, 아무 이유 없이 식욕이 사라졌다면, 잠을 잘 못 잔다면, 이런 적색 신호들을 통하여 우리 몸이 우리에게 뭔가를 말하려는 거예요. 이런 메시지를 놓치지 마세요. 여러분 주변의 믿을 만한 어른에게 여러분이 겪고 있는 증상을 이야기하세요. 그리고 몸이 주는 신호에 귀를 기울이는 법, 내 상태가 좋지 않을 때 도움을 청하는 법을 배우세요. 그게 바로 자기 돌봄이랍니다. 자기 돌봄은 너무너무 중요해요. 규칙적으로 자기 자신을 돌보고 살피는 연습을 하세요. 우울함이나 그로 인한 여러 증상을 막는 데에 도움이 될 거예요.

우울함은 우리를 외롭게 해요. 많은 사람이 우울함을 이해하지 못해요. 왜 여러분이 우울한지, 어떤 상태인지 이해받지 못하면 더욱 외로워져요. 여러분은 그저 기운이 안 나는 것도 아니고, 관심을 끌려는 것은 더더욱 아니고, 호들갑을 떠는 것도 아니에요. 하지만 다른 사람이 무심코 던지는 나쁜 말을 피하려고 자기 자신을 고립시키면 우울함은 더 심해져요. 문제를 혼자 다루려고 하지 마세요. 여러분을 도와줄 사람이 지금 당장 떠오르지 않아도 그런 사람을 계속 찾아야 해요. 분명 누군가가 여러분을 도와줄 거예요.

　　이 책에 나온 활동들을 계속 시도해 보세요. 여러분에게 도움이 되는 것을 꾸준히 찾아보세요. 우리 삶은 시합이 아니에요. 삶이라는 길 위에서 여러분이 얼마나 많이 이기고 많은 상을 받았느냐는 그다지 중요하지 않아요. 여러분 자신이 되어, 자신만의 길을 걸어야 해요. 연습을 이어 나가고 도움이 되는 방법을 직접 찾고 어떤 식으로든 노력을 기울인다면, 언젠가는 여러분의 꿈을 이룰 수 있을 거예요. 그리고 건강하고 행복한 삶을 살 수 있을 거예요.